Isab
Brig
伊莎貝 格斯・邁爾斯
Peter B. Myers
彼得・邁爾斯
著

MBTI人格分類

MBTI 創發人原著正典，使你真正瞭解自己與他人

Gifts Differing

Understanding Personality Types

正如我們一個身子上有好些肢體
肢體也不都是一樣的用處
我們這許多人，在基督裡成為一身
互相聯絡作肢體，也是如此
按我們所得的恩賜，各有不同……

《聖經》〈羅馬書〉第十二章：第四節到第八節

目錄

目錄

推薦序

成就自我、面向陰影的資糧

鐘穎／心理學作家、愛智者書窩版主

作為一份性格的分類系統，MBTI的特點在於它對不同人格天賦的描述都具有高度樂觀的色彩。任何一個對職業與自我了解感到困惑的人，都能在此測驗中得到指引，同時感覺被裡頭的描述所鼓勵和同理。

這份安心感，是它歷久不衰且益發受到世人喜愛的重要基礎。

對於MBTI的一種常見說法是，它脫胎於榮格心理學的理論，這點可以說對了一半。但兩者之間還是有幾點差異，而這些差異使它們走向了不同的道路。

第一，MBTI自始強調它的實用性。對創始人布里格女士來說，她研發心理測驗是為了職業輔導；跟榮格心理學關注「無用之用」相反，榮格寫作心理測驗的目的是為了理解人們認識世界的方式，為了促進人格的整合。兩者目的不同，但同樣重要。

第二，MBTI重視發揚天賦，但榮格則看重完整。榮格心理學認為，人格是動態的，分類縱然有需要，但我們的目標卻會因發展階段不同而改變，而這正是「個體化」(individuation)的意思。人總是隨著時間而成長，並因為意識的「補償」功能與心靈的「物極必反」(enantiodromia)原則而向自身的陰暗面學習，從而不斷整合自身。

第三，與許多人以為的不同，其實榮格本人在一九二五年的分析心理學講座中已經對心理類型作出了補充，新增了四類混合型，使人格光譜從四類變成八類，加上內向與外向的差異，同樣會形成十六種人格類型（關於這點，有興趣的讀者歡迎參閱拙譯《榮格心理學導論：一九二五年分析心理學講座筆記》）。對於十六這個數字的再度出現，或許暗示著我們的心靈對它有特別的偏好。礙於文長，此處不再展開。

理解上述差異後我們就可以知道，MBTI的特點是基於一種入世的態度，或者說外向的態度，與榮格心理學的內向態度相反，兩者互為發明，相得益彰。但和所有人格測驗一樣，MBTI也存在著未能妥善解決的問題，那就是測驗信度偏低。換言之，測驗比較缺乏穩定度。

不少讀者可能都發現了，那就是自己做出來的結果會因時間不同而改變，題目似乎處在兩難之間，無法判斷。換言之，人的性格是流動的。除了部分例外，多數人不會長久固定於特定的類型中。而這也是榮格心理學家未將心力放在發展人格測驗的原因之一。

他們更看重的是變化，是如何藉由輔助功能來整合劣勢功能，而不是發揚優勢特質、變得完美。

從這點而言，MBTI可謂接手了榮格心理學所疏漏的另一面，積極地協助人們在職業選擇中取得優勢，並在人際關係中變得和諧。也就是說，使我們能知己知彼，以便完成我們前半生的重要任務：在職場與家庭中建立個人的舞台，獲得幸福。

在漫長的人生路上，了解自己的長才與天賦是絕對必要的，因為成就自我是個體化的基礎，是我們後半生得以轉身向內，面對陰影的重要資糧。MBTI出色地為我們做到了這一點！我見過太多人因為MBTI受益，包括我自己。國內等了這麼多年，終於等到專書的現身，而它的出現將充實我們的不足。

日後再有人問我MBTI的各種問題，我不必再長篇大論，只消面帶微笑，把這本書遞給他就行了。

前言

這是一本講家庭的書。無論一個家庭是由血親、好友或同事組成的，本書的想法及概念都能幫助你瞭解自己，瞭解你平日生活中為什麼會出現某些反應，還可以使你理解、欣賞身邊因為天賦各異而行事風格與你不同的人。

如果你常好奇，你身邊來去的人或重要的人，他們看待世界的方式以及對事情的反應竟是如此五花八門，有時甚至大異其趣，那你一定會喜歡這本書。如果你常感覺到，當你想去理解你在意的人，例如家人、孩子、同事等，或與他們溝通，卻是困難重重，那本書的概念或許就是你一直在找的答案。

本書作者伊莎貝爾・布里格斯・邁爾斯（Isabel Briggs Myers）是我母親。經歷二十年的奮鬥之後，她終究不敵癌症，在本書初版推出之際辭世，享壽八十二歲。母親志在幫助他人能夠對自己的選擇心滿意足，並發揮所長。如此強烈的心願給了她力量，讓她得以完成本書。自一九八〇年起，已有超過十萬人讀過這本書，每年銷量更勝前一年，顯見大家肯定她獨到的見解。

她用清晰易懂的文字，介紹知名瑞士心理學家榮格（Carl Gustav Jung）人格類型理論的概念，而這些概念適用一般人日常會碰到的問題。她的書幫助無數人理解：每個人行事、反應、藉由人際關係明白事理的方式都各有不同。母親經常駁斥以下這則老生常談：世上有一種理想的「正常人」，而我們每個人或多或少都和這個理想的「正常人」有點差異。事實上，她相信我們每個人都擁有不同的天賦，在日常生活中運用心智、價值觀與情感的方式也各有獨特之處。榮格將日常事務分成兩種簡單的心理活動，一種是吸收或意識到新的資訊，他稱為「感知」（perception）；另一種是針對此資訊做出決定或得出結論（而他不屑為此命名）。

榮格這個類型理論距今已久，但身為執業心理學家，他的病人大多都有著嚴重的心理問題，而他主要關注的，亦是他在那些生活停滯、悶悶不樂而前來尋求協助的人身上，所觀察到的失敗或不平衡的發展類型。他對一般心理健康者的心理類型並不特別感興趣。除此之外，榮格理論著作的受眾是專業的心理學家，即使是他的《心理類型》（Psychological Types）英文版也很難讀懂。難怪，對人格有興趣的一般人，都不太關注他的人格類型理論。

而伊莎貝爾・邁爾斯雖然沒有受過心理學的專業訓練，卻投入整個人生後半段來解讀、應用榮格的理論，讓健康正常的一般人終於瞭解：我與眾不同、常跟身邊的人不一樣，這是可以的；許多與他人相較之下產生的差異、問題、誤解，都是來自於每個人吸收與處理資訊時做出的不同選擇。雖然選擇不同，但再正常不過。

本書的前提是我們每一個人都有一組天賦，這是一套我們已能自在運用在日常生活中的心智工具。雖然我們的心智工具組當中都有一樣的基本工具，但我們每一個人都有自己獨特的工具（可能是一個或一套），使用起來更順手，因而對它有所偏愛。這些偏好形成的獨特組合，讓我們擁有獨特的人格，造成我們與他人之間的異同。

許多人常被這個問題困擾：我們有時候就是無法把對我們來說很清楚、但很重要的事，向我們在意的人溝通，使他們認同或至少瞭解這件事對我們有多重要。我們可能會因為對方無法理解我們在意的事，而產生受傷或被拒絕的感受，也可能因為對方無法理解我們的邏輯，而覺得困惑不已。在本書中，伊莎貝爾．邁爾斯用清晰易懂的方式，解說這些人格心智工具有哪些正常但不盡相同的使用方式，並提出更具建設性的方法，來善用這些差異。

為了讓讀者瞭解本書的背景，我想稍微簡述一下本書誕生的故事。伊莎貝爾．邁爾斯和其母凱薩琳．庫克．布里格斯（Katharine Cook Briggs）一直都很喜歡榮格的理論，這樣的興趣持續了十六年。當時正值二次世界大戰期間，男性離開職場進入戰場，因此許多女性離開以往的日常家庭生活，代替男性成為職場人力。對許多女性而言，忙碌的職場是一個奇異的全新環境。母親和祖母認為，榮格的不同人格有不同偏好的人格分類知識，或許可以幫助當時沒有工作經驗的人找到自己最適合也最能發揮的職位。她們想找到能測出榮格人格類型的測驗或指標，卻遍尋無果，最後決定自己編製一套，最終的結果就是邁爾斯——布里格斯人格分類指標（Myers-Briggs Type Indicator®）的人格量表（簡稱指標或MBTI®）。兩人都不是心理學家或心理統計學家，因此一切都得從頭來。

兩人開始自力研究，連結自身的觀察，整個過程都很順利。然而，一九四三年推出第一版MBTI原型題組後，便面臨學術圈兵分兩路的雙重夾擊。首先，她們都不是心理學家，也沒有受過高等教育或任何有關心理學、統計學、測驗編製的正式訓練；再者，當時的學術界其實不太使用榮格的人格類型理論，即使是榮格派學者與心理分析學家也不太用。因此根本不會有人想使用名不見經傳且「明顯完全不夠格」的兩位女性所製作的榮格人格類型自陳問卷。但其實，伊莎貝爾·邁爾斯並非完全不夠格。雖然她沒有受過相關學科的正式訓練，但她聰明絕頂，且花了超過一年的時間跟一位在當時是夠格的專家學習她所需的技能與工具。這位專家名叫愛德華·海伊（Edward N. Hay），時任費城一間大財務銀行的主管。伊莎貝爾·邁爾斯向他學到了測驗編製、計分、效度、統計等知識。

當時心理學界無意或不願接受她的指標，可是伊莎貝爾．邁爾斯絲毫不受影響，繼續研發指標、蒐集資料、改進量表題目、選用已獲認可的測驗，參考其信效度、重複性、統計顯著性。在對受試者施行量表並解釋結果時，大多數受試者表現出的熱忱和喜悅令她大受鼓舞。她稱這些受試者的反應為「驚奇瞬間」——這種喜悅通常來自受試者表示這份指標成功測出了他們某些人格面向。在幫受試者計分並給予回饋時，邁爾斯最愛的時刻就是，偶有受試者會驚喜地表示：原來「做自己」是沒問題的，真是鬆了一口氣！

多年下來，測過或至少聽過MBTI的人數變得驚人的多（一九九四年有超過兩百五十萬人使用過這個量表），而榮格人格類型的某些概念也成為我們的日常用語。例如，一般普遍認為外向性（extraversion）代表一個人傾向從外部活動獲得精力，而內向性（introversion）則代表傾向從內部活動獲得精力。題目可能會是：下班後，你會想出門社交還是自己在家休息？對許多外向者而言，進不去派對就是地獄，而對許多內向者而言，參加派對就等於地獄。

MBTI一開始主要用於一對一的諮商情境。現在這個指標已經廣泛應用到團隊建立、組織發展、商業管理、教育、訓練、職涯諮詢等領域。MBTI已成功翻譯為法語和西班牙語，另有將近十二種其他語言的翻譯版本正陸續進行中。瞭解一個人的人格類型，讓大家的生活在各方面都產生令人樂見的變化。自本書問世的這些年來，有排山倒海的證據證實，這個測驗對一個人工作或生活的幾乎每一個面向都有幫助，而這些益處也都有詳實記錄。

我認為世界上大多數非關生理的病痛和壓力，都可能來自心懷善意的雙方之間的誤解，並不是無法彌補的分歧。若真是如此，那麼只要透過「人人更加瞭解自己，更加瞭解自己如何接收資訊、處理資訊、得出結論或做出決定，也更加瞭解如何與他人溝通我們的想法與願望」，就可大幅提昇我們的生活品質。如果我們可以學著理解與我們不同的人，看見他們的好，並找到方法，用他們能理解且覺得自在的方法與他們溝通，那麼人與人之間就可以合作愉快，相處無礙。

榮格提出原型（archetype）的概念，即同一個文明的成員會有與生俱來且共通的符號、神話、概念，它們超越了言辭，無須透過語言來傳遞或識別。不同文化可能會有不一樣的原型，但概念通用。如果人格類型也是一種原型的概念，且不管在哪一個文化、宗教、環境都共通的話，那我們將面臨一個全新的情況！每當我們認識了自己、找到自己與他人不同的原因，會產生一種醍醐灌頂的頓悟瞬間，而這種頓悟也可以跨越政治和經濟的疆界，遍及於全球，去理解、尊重和接納不同國家、種族、文化、信仰的人。伊莎貝爾・邁爾斯在她去世前曾表示，她最大的願望就是日後她的作品仍然可以持續幫助眾人發現並喜歡上自己的天賦。我想，如果她知道自己過世多年後，喜歡她作品的人不減反增，她一定會非常開心。

彼得・布里格斯・邁爾斯（Peter Briggs Myers）

華盛頓特區，一九九五年三月

作者第一版序

我相信，如果能利用榮格的人格類型理論，許多問題也許能處理得更好。榮格第一本《心理類型》英文版於一九二三年由出版人哈考特．布雷斯（Harcourt Brace）發行。我的母親凱薩琳．庫克．布里格斯把榮格的《心理類型》介紹給我們，榮格的理論從此成為我們生活的一部份。我和母親一直希望有人可以規劃一套工具，不只可以反映一個人偏好外向性或內向性，更能看出一個人的感知與判斷力。到了一九四二年夏天，我們決定自己開發這套工具。從此，「布里格斯人格分類指標」便開始產出各式各樣與人格類型應用有關的資料。

然而，人格類型理論的含意已超出統計學範疇，只能以人類詞彙表達。因此本書採用非正規的方式來呈現人格類型與多年來我們觀察到的人格類型表現。希望透過本書，家長、老師、學生、諮商師、臨床醫師、神職人員和所有關注人類潛能的人，能找到一套基本原理，來面對職場上或生活中必須處理的人格差異。

本書集結三代人的努力，包括內向直覺型的母親（INFJ）對人格類型意義的深刻洞見、內向情感型的我（INFP）深信人格類型的實際應用有其重要性、兒子彼得（ENFP）寶貴的特質，集結外向型的觀點、直覺型的幹勁、善於表達的天賦、以及對於優先順序的觀念。沒有這些，本書就無法問世。

伊莎貝爾·布里格斯·邁爾斯

一九八〇年二月

出版者前言

本書是一本講人格的書：人格有多豐富、多樣性、人格在職涯、婚姻、生命中扮演何種角色。作者是一位長時期投入熱忱在觀察、研讀、測量人格的女性。

伊莎貝爾．邁爾斯使用了卡爾．榮格的人格類型理論作為框架概念，整理出她敏銳又樂觀的觀察結果。她與母親凱薩琳．庫克．布里格斯一起調整這個概念框架，並加以詳細解說。榮格的理論只要加以融會貫通，就能提供一個完善的架構，幫助我們瞭解人類的異與同。

這個稱作「邁爾斯——布里格斯人格分類指標」的心理測量問卷，可能是最簡單、也最可靠的方法，來判斷一個人是屬於榮格人格類型的哪個類型。許多關於人格影響行為的知識，都來自於人格分類指標的相關研究，而這些研究成果在書中也會介紹。

MBTI的創發，在心理學史上確實獨樹一格。這是一位傑出人士的人生故事，或可以說是整個家族的傳奇。這段故事使我們獲益良多，因為它清楚展現了父母對孩子能產生多大的影響；這段故事也給我們啟發，因為它使我們知道，人即使面對艱困逆境，也能擁有輝煌成就。

故事始於一八八六年，凱薩琳・庫克（Katharine Cook）和萊曼・布里格斯（Lyman Briggs）這兩個天賦異稟的人結為連理。

喜愛思考、閱讀、靜靜觀察的凱薩琳，在一次世界大戰期間開始對人格的異同產生好奇。她透過研讀不同的傳記，發展自己的人格類型學說。她發現榮格也發展出類似的系統，便開始吸收、探索、細究榮格的理論；萊曼則是個博學多聞的科學家，當年科學發展方興未艾，他於二十世紀上半葉推動科學成為美國政府中重要的影響力，因而成為舉足輕重的人物。身為美國國家標準局（National Bureau of Standards）局長，他在發展現代航空科技、原子能，以及探索南極洲的平流層等計畫上，扮演非常重要的角色。萊曼獲獎無數，他的母校密西根州立大學還成立了萊曼・布里格斯學院紀念他。儘管如此，萊曼博士仍因謙虛低調、為人設想的性格而受人稱道。

布里格斯夫婦生了一個孩子，名為伊莎貝爾。伊莎貝爾只去過公立學校一、兩年，其餘時間都在家學習。十六歲時，伊莎貝爾進入美國賓州史瓦茲摩爾學院（Swarthmore College）就讀，一九一九年以全班第一名的成績畢業。伊莎貝爾在大三那年與克拉倫斯・邁爾斯（Clarence Myers）成婚，成為母親與家庭主婦，直到二次世界大戰爆發。不過，她仍騰出時間出版了兩本懸疑小說，成績不俗，其中一本還打敗神探梅森的作者、知名小說家厄爾．史丹利．加德納（Erle Stanley Gardner），贏得獎項。

戰爭帶來的苦痛與悲傷激發了她助人的慾望。她想拿出行動，幫助眾人相互理解、避免衝突。由於她母親對榮格人格類型的仰慕，她長時間耳濡目染之下，決定想出一個能實際應用此理論的方法，於是「人格分類指標」的想法就誕生了。

沒有受過正式心理學或統計訓練、也沒有學術圈贊助或研究補助金的她，啟動了這項漫長嚴謹的任務，與母親一同學習榮格人格類型，同時發展出一組題庫，以測出不同人格類型的態度、情感、感知、行為。伊莎貝爾時值青少年期的孩子和孩子的同學都成了測驗發展前期的受試者，其他也有很多人受邀提供受測心得，分享對題目的想法。

伊莎貝爾喜愛閱讀，經常造訪圖書館學習編製測驗所需的統計與心理統計知識。她說服賓州西部不少學校的校長允許她對學生施測，也花了許多漫漫長夜計算分數與製作數據分析表格。

在這段過程的頭十年，來自外界的資源少之又少，但家人幫上了忙。伊莎貝爾透過父親認識一位醫學院院長，這位院長願意讓她對學生施測。自此開始，她的受測者人數一年年成長，最終共測得超過五千名醫學生和一萬名護士。

早有既定教條的心理學界對伊莎貝爾的反應相當冷淡，甚至帶著敵意。一開始，許多心理學家認為人格測量只是效果堪疑的新計劃。少數對人格理論與人格測量有興趣的心理學家，也不看好她的人格類型理論，因為她沒有相關機構資歷，而學界研究關注的重點卻在於特質和因素量表等。但面對這些懷疑或批評，她絲毫不卻步，一九五〇到一九六〇年代間，她持續接觸學校校長與學院院長的辦公室，說服他們簽下MBTI的施測同意書。

伊莎貝爾的努力果真吸引到幾位衡鑑專家的興趣。首先是美國教育測驗服務社（Educational Testing Service，按，較為人所知的測驗包括托福、多益、GRE等）社長亨利．昌西（Henry Chauncey）。他為人體貼和善，對人格分類指標印象深刻，因此主動聯絡伊莎貝爾，提議讓教育測驗服務社以研究為目的發行人格分類指標測驗。接下來是加州大學人格衡鑑與研究學院（Institute of Personality Assessment and Research）備受尊崇的院長唐納德．麥金儂（Donald T. MacKinnon）。他將人格分類指標加入測量創意的測驗中，並發表了正面的研究成果。另外，在密西根大學等校任教的哈羅德．葛蘭特教授（Harold Grant），還有佛羅里達大學的瑪莉．麥考利博士（Mary McCaulley）也都針對此測驗做了頗具影響力的研究。

一九七五年，MBTI測驗改由美國諮商心理學出版社發行。同年，人格類型應用中心（Center for Applications of Psychological Type）啟動營運，負責MBTI的服務與研究。接下來幾年，MBTI的研究期刊成立，MBTI使用者的協會誕生。通常來說，若某個測驗已經如此廣為眾人接受，多數年事已高的研究者可能會從此擱筆，停止了努力，不過伊莎貝爾並沒有這麼做。八十二歲時，她仍在改良MBTI手冊；因重病元氣大傷到臨終的這時間裡，她也因本書的校對工作而忙碌著。

人格分類指標可能會成為非專業人士最廣為使用的人格測量工具，這個趨勢在伊莎貝爾生命最後幾年已經很明顯了，但她絲毫沒有勝券在握的驕矜自滿。對於測驗如此廣受使用，她仍一如既往地心懷感恩與喜悅，甚而充滿熱情。即使受到那麼多年的輕忽與拒絕，在她身上也看不到一絲憤慨的痕跡。

透過本書，讀者能輕易見到伊莎貝爾．邁爾斯這些經典的特質。在本書中，她強調迷人的人格多樣性將帶來許多的美好、力量與無限可能。她也許不會主張人類是完美的，但在不斷經歷痛苦與失望的四十年後，她對人心仍懷有信念，令人動容。而她對人性仍抱持樂觀，也令人耳目一新。這些都讓本書的意義不只是一本MBTI專書。我們很開心可以將本書呈獻給你。

約翰．布萊克（John Black）

一九八〇年七月

出版者備註

無論你是否已經做過邁爾斯——布里格斯人格分類指標量表，這本書都可以幫助你瞭解本量表的架構、理論以及人格類型的多種用途，而這些都源自卡爾・榮格的思想，並經本量表作者凱薩琳・布里格斯與伊莎貝爾・布里格斯・邁爾斯母女延伸而成。此外，如果你是每年都會做 MBTI 量表的那兩百五十萬人之一，本書可以幫助你對自己的人格類型與成長天賦有更多認識。如果你還沒有做過本量表，但很想嘗試，你可以聯絡有照諮商心理師、職涯諮商師、心理學家、或附近的合格專業人士。如果你沒有辦法找到適當的專業人士，也可寫信給位於北卡羅來納州的美國諮商師證照委員會（National Board for Certified Counselors）。

第一部

理論

第一章

人格差異：一種有系統的解釋

現在主流的說法是「每個人都獨一無二」，每一個人都是自身基因與環境的產物，與眾不同。然而，以實際的角度來看，如果沒有針對每一個需要教育、諮詢、被瞭解的人進行詳盡的個案研究，那這個關於特殊性的學說就毫無用處。但我們也無法假定其他人心智的運作原則都跟我們一樣。我們遇到的人不用我們思考的方法思考，不重視我們重視的事情，或對我們喜歡的事物沒興趣，這些都再常見不過了。

本章要介紹的理論，其優點是能讓我們預知某些特定的人可能會有哪些特定的人格差異，從而讓我們可以採用建設性的方法，面對其他人以及他們的特殊之處。簡單來說，這個理論談的是：人類行為有許多看似偶然的變化其實並非偶然，而是一些基本且可觀察的心理功能差異造成的合理結果。

這些基本差異會影響我們偏好如何使用心智能力，確切來說，是影響到感知與判斷的方式。這裡的**感知（perceiving）**包括覺察到人、物、事件、想法的過程；**判斷（judging）**則包括根據感知到的內容做出決定的過程。感知與判斷佔據我們心智活動很大的一部份，加總起來便主宰了我們絕大多數的外在行為，因為感知的定義就是決定要看到什麼，而判斷則是決定要怎麼做。因此，感知或判斷的基本差異會在行為上造成相對應的差異，這樣的說法合情合理。

兩種感知方式

榮格在《心理類型》一書當中提到，人類有兩種大相逕庭的感知或接收資訊方法。第一種感知方法是每個人都熟悉的**實感（sensing）**，透過五感直接感受事物；另一種是**直覺（intuition）**，由潛意識間接感知，將來自外界的想法或連結，透過潛意識加諸於感知之上。而潛意識的影響範圍很廣，從最簡單的「男人直覺、女性第六感」到至高無上的藝術創作或科學研究發現都有。

顯然，世界上存在不同的感知方式。人會透過感官來感知事物，也會感知那些無法或從不曾透過感官吸收的事物。榮格也認為，這兩種感知的方式會互相競爭，奪取人的注意力，而大多數人自出生開始就會偏好其中一種。偏好實感的人，也會對周遭實際的事物感到好奇，對隱約不知道從哪裡冒出來的想法則興趣缺缺；偏好直覺的人會全神貫注在直覺帶來的可能性，對於周遭現實則少有關注。例如，偏好實感的讀者會將注意力集中在書上白紙黑字的內容，而偏好直覺的讀者則可能會留意字裡行間，甚至延伸思考，探索各種可能性。

只要兒童在這兩種感知方式之間出現偏好，發展階段的基本差異就從這裡開始。兒童有能力掌握心智歷程，能頻繁使用喜歡的歷程，且忽略比較不喜歡的。兒童若偏好實感或直覺，則使用的頻率都會越來越高，會益發關注在歷程中產生的印象，藉由歷程展現的內容來形塑他對世界的想法。較不常用的那一種歷程則會退居背景，不受關注。

慣用的歷程經過了持續實行之後，變得更受控，也更值得信賴，運用起來會更成熟。兒童對這個歷程的偏好，也會延伸到需要使用該歷程的活動，且會因為以特定的角度看世界，而發展出特定的表面特質（surface trait）。

因此，在這樣一連串的自然發展之下，偏好實感與偏好直覺的兒童便走上截然不同的方向。這兩類兒童都對一個領域掌握得宜，對另一個領域則較不熟悉；他們會將興趣和精力投入某些活動，這些活動讓他們有機會運用其偏好的心智歷程；他們會透過這些基本偏好發展出一套表面特質。這就叫 SN 偏好——S 代表實感，N 代表直覺。

兩種判斷方式

判斷的基本差異，來自兩種大相逕庭的決策方法，一種是**思考（thinking）**，即透過邏輯得出客觀結果；另一種是**情感（feeling）**，即透過喜好（這個方式也一樣合理）賦予某事物私人而主觀的價值。

這兩種判斷方式也是顯而易見。大多數人都會同意，自己有時是用思考的方式來做決定，有時則是用情感。大多數人也同意，面對同樣的事實，這兩種方式不一定能獲致一樣的結論。榮格的理論認為，每個人都會偏愛和信任其中一種判斷方式，較不喜歡另一種。若讀者判斷本書的內容，首先考慮的是本書想法是否一致或有邏輯，則讀者就是使用思考的方式來判斷；若讀者先考慮到這些內容是否惹人喜歡，是否支持或抵觸重要的想法，則讀者判斷的方式就是使用情感。

無論兒童偏好哪一種判斷歷程，使用那個判斷歷程的頻率都會越來越高，信任程度更高，也更願意遵循這種歷程。另一種較不討喜的歷程產出的想法就比較弱勢，常受到忽略，甚至會被完全漠視。

因此，即使喜歡的感知歷程相同，也都使用相同的感知方式，偏好思考和偏好情感的兒童仍會走往不同的方向。如果他們參與的活動是需要兒童用自己擅長的方式來做決定的話，那他們會更開心，也更投入。偏好用情感判斷的兒童較擅長處理人際關係；偏好用思考判斷的兒童則較善於組織事實與想法。這種對生活採客觀或主觀態度的基本偏好，造就了相異的表面特質。這就是TF偏好：T代表思考，F則代表情感。

感知與判斷的組合

TF偏好（思考與情感）和SN偏好（實感與直覺）是完全獨立的。任一種判斷方式都可以跟任一種感知方式組合，這樣一來會出現四種結果：

ST　實感加思考
SF　實感加情感
NF　直覺加情感
NT　直覺加思考

每一種組合都會形成不同的人格，每個人格各有不同的**興趣**、**價值觀**、**需求**、**心智習性（habits of mind）**以及由這種組合**自然生成的表面特質**。由相同偏好所形成的組合，會有共通的特質，但每一種組合都有自己的獨特之處，而這些獨特之處來自「看待世界的方式」與「判斷眼前所見的方式」這兩種偏好相互作用的結果。

無論一個人的偏好組合為何，對他來說，要理解或喜歡同樣組合的人是最容易的。這些人會有相似的興趣，因為他們擁有相同的感知力；他們覺得重要的事情也會一樣，因為他們擁有相同的判斷力。

反過來說，兩種偏好都跟自己不一樣的對象，是最難理解也最難預測的（討論爭議時除外，因為他們都會持相反立場）。如果和這些與自己組合對立的人沒什麼交情，那想法相左也沒什麼大不了的。但如果這樣的對象是同事、好友、家人，想法持續碰撞就可能會帶來麻煩。

許多嚴重衝突之所以會發生，純粹是因為雙方使用了相反的感知與判斷方式而已。如果能認知到這種衝突的源頭，衝突就不再那麼惱人，事情也比較好處理。

更嚴重的衝突還可能會發生在個人與職業之間，某人可能選擇了一個工作，而這個工作需要的不是此人天生擁有的感知與判斷組合，而是相反的組合。

接下來的段落會簡述由這四種感知與判斷組合所生成的迥異人格：理論上預期這些人格會如何，而在實務上這些人展現的人格特質又是什麼。

實感加思考（ST）

ST型（實感加思考）的人主要用實感來感知，用思考來判斷。因此這類人最關注的是事實，因為事實可以直接透過感官蒐集驗證，利用感官來觀看、聆聽、觸摸、計算、秤重、測量。ST型相信思考，所以會運用客觀分析處理事實，從因到果，從前提到結論，都搭配步驟清楚、邏輯嚴謹的推理過程，最後再做出決定。

因此，ST型比較實事求是，注重事實。能讓他們功成名就、心滿意足的工作就在需要客觀分析具體事實的領域，如經濟、法律、外科、商業、會計、生產、與機械或材料相關的產業。

實感加情感（SF）

SF型（實感加情感）的人也會依賴實感來感知，但他們比較喜歡用情感來判斷。他們是透過個人關懷來做決定，因為他們的情感會衡量某事物對自己或他人的重要程度。

SF型對「與人有關」的事實比較有興趣，對跟事物有關的事實比較沒興趣，所以通常這類型的人會比較善於社交，也比較親切。SF型在能即時發揮個人關懷的場域最有可能成功且感到滿足，如小兒科、護理、教學（尤其在小學）、社工、販售實體商品、服務業等。

直覺加情感（NF）

NF型（直覺加情感）的人跟SF型一樣都擁有個人關懷，因為他們都用情感來進行判斷。不過，因為NF型比較喜歡用直覺來感知，所以不會將注意力放在具體的情況。他們注意的是可能性，比如說新的計畫（還沒發生但可能即將發生）或新的真相（還沒有人知道但即將揭曉）。潛意識會預想這些新的計畫或真相，接著直覺會將這些預想感知為想法，對他們而言就像靈感一樣。

NF型帶著個人關懷和執著來探索新的可能性，這樣的關懷和執著令人敬佩。NF型充滿熱忱，有自己的見解，通常擁有耀眼的語言天賦，能夠清楚對外溝通自己看到了什麼可能性，以及和這個可能性擁有的價值。需要以創意滿足人類需求的領域最能讓他們成為佼佼者，也最能讓他們快樂。他們可能擅長的領域有教學（尤其在大學或高中）、傳教、廣告、販售無形商品、諮詢、臨床心理、精神醫學、寫作以及大部分的學術研究。

直覺加思考（NT）

NT型（直覺加思考）也使用直覺，但搭配的是思考。雖然會關注新的可能性，但方法是客觀分析。他們往往會選擇理論上或執行上的可能性，將人的因素視為次要。

NT型通常很有邏輯，也十分精明。在特殊領域解決問題會成為他們最能成功的所在，如科學研究、電腦運算、數學、較高深的金融領域、技術發展、創新科技等。

每個人可能都遇過這四種類型的人：實事求是又注重事實的ST型、善解人意又親切友善的SF型、熱忱滿滿又見解獨到的NF型、還有邏輯精確又十分精明的NT型。有人可能會說，這四種類型那麼明顯，以前怎麼可能沒有人發現。答案是：這些類型以前的確有許多研究者與理論學者記錄過多次。

維儂（Vernon，1938）引用不同方法得出了三個分類系統，但這三個系統竟然十分相似，每個系統都反映了感知與判斷的組合。第一個系統引用自賽斯通（Thurstone，1931），他利用職業興趣量表的分數進行因素分析，發現四個與興趣對應的主要因素，分別為商業、人、語言、科學；第二個系統引自岡拉克與傑若姆（Gundlach and Gerum，1931），分析興趣之間的相關，推論出五種主要的「能力類型」，包含技能、社交、創意、智力、體能；最後是斯普安格（Spranger，1928），從邏輯和直覺的考量出發，分出六種「人的類型」，包含經濟、社會、宗教、理論、美學、政治。

關於內向與外向偏好

另一個造成感知與判斷基本差異的原因，則是對內在與外在世界的興趣。在榮格創發的概念中，內向性（introversion）是一種生活取向，與其互補的另一種取向即是外向性（extraversion）。內向者主要關注的是概念與想法的內在世界，而外向者則對外在世界的他人與事物比較有興趣。因此，在環境允許的情況下，內向者會將感知力與判斷力集中在想法上，而外向者則喜歡把感知力和判斷力用在外在環境。

這並不是說大家會被困在內在或外在世界。必要時，發展良好的內向者應付周遭世界是游刃有餘，但他們最能發揮的地方還是來自大腦，即反思能力；同理，發展良好的外向者處理概念時也是得心應手，但他們表現最好的地方在外部，即行動能力。不管是哪一型都是天性偏好使然，就如慣用手一樣。

舉例來說，想知道如何應用本書理論的讀者，就是用外向者觀點思考；好奇如何用本書理論的見解來瞭解自己與人性的讀者，就是用內向者觀點來閱讀本書。

內外向偏好（EI）完全獨立於SN和TF偏好，因此內向者和外向者會有四種感知與判斷的組合。例如，若有某個情況發生了，則在ST型的人當中，ST型內向者（IST）會整理與此情況有關的事實與原則，這個作法在經濟或法律領域特別有用；ST型外向者（EST）則是著手情況本身，包括瞎混的旁觀者也會一併處理，讓計畫能繼續前進，這個作法在商業與產業界非常實用。外向者處理事情的速度會比較快，而內向者處理事情則比較周到。

而在NF型的人當中，NF型內向者（INF）會緩慢仔細檢視自己的想法，找尋外界普遍認同的道理；NF型外向者（ENF）會想與人溝通，將靈感化為行動。外向者有如海納百川，而內向者則是專注精深。

判斷與感知的偏好

還有一種偏好能用來辨認人格類型，就是要用**感知（perceiving）**還是**判斷（judging）**的態度來生活，也就是要用何種方式來面對周遭世界。當然，每個人一定兩種都會用到，但用的比例肯定不一樣。我們常會在感知與判斷這兩種態度之間轉換，有時候更會突然轉換。比如說父母前一秒對孩子吵鬧忍受度非常高，下一秒就突然覺得受夠了。

有些情況適合用感知來解決，有些則要用判斷，也有很多時候是兩種態度都適用。大多數人都會覺得其中一種態度比較合適，用起來更自在，所以面對外在世界時會盡可能使用這種態度。例如有些讀者讀到這裡，仍用開放的態度持續吸收內容，則他們用的就是感知；有的讀者讀到這裡，對於書中內容認同與否已經有了底，他們用的就是判斷。

這兩種態度基本上是完全相反的。要達成結論，就要使用判斷，暫時關閉感知——所有證據都已經蒐集完畢，其他不相關也不重要，是下決定的時候了。反之，使用感知態度時，判斷力會全數關閉。證據尚未蒐集完成，事情仍在發展當中，現在還太早，不宜做出不可逆轉的決定。

不同的偏好會產生差異，判斷型的人想要掌控生活，感知型會去感受生活。兩種態度各有價值，兩種都能打造滿意人生，只要需要時暫時轉換成另一種態度即可。

四種偏好總整理

在本書介紹的理論中，人格是由感知與判斷的四種偏好建構而成。四種偏好形成人格發展的四個岔路口，這些偏好決定了個人在兩種反差強烈的成就面前，會追求哪一種。成就多高，一部份取決於精力和目標，但根據人格理論，個人會追尋哪一種成就取決於引領他走向哪一條岔路的先天偏好。

「類型」來自於不斷實踐自己的偏好

在榮格的理論中，個人實行感知與判斷的偏好之後，就產生自己的「類型」。由一組偏好所自然生成的興趣、價值觀、需求、心智習性，便產出了一套可供識別的特質與潛能。

因此，我們可以透過說明一個人的四種偏好（如ENTP），來形容一部份的他。他可能會跟這類型的經典樣貌有些差距。形容某人是ENTP並不會抵觸他自主

	偏好	偏好影響選擇
EI	外向性或內向性	把主導歷程（亦即最喜歡使用的歷程）用於外在世界還是思考世界
SN	實感或直覺	這兩種感知方式都能使用的時候，會偏好哪一種方式
TF	思考或情感	這兩種判斷方式都能使用的時候，會偏好哪一種方式
JP	判斷或感知	面對外在世界時，會選用判斷或感知

決定的權利——因為他已經透過選擇E、N、T、P四種偏好來行使自主決定的權利。識別且記得一個人的類型，是一種尊重，不只尊重這個人「依照自己所選擇而成長」的這種無形權利，也尊重這個人具體上與他人有何不同之處。

主導歷程（dominant process）扮演的角色

要找出某個人偏好使用哪一種感知或判斷的方式比較簡單，但要說出他的主導歷程到底是感知還是判斷，這就難了。一艘船需要權威船長掌舵，才能確定航向，把船安全帶往目的地，這點毫無疑問。如果每一個輪流掌舵的人都設定不同目的地，不斷改變航行方向，那麼這艘船便永遠無法靠港。

同理，每個人的性格也都需要這樣的主導力量。每個人都需要發展出一個最佳歷程，讓這個歷程主宰、整合他的人生。在自然的情況下，每個人都在做這件事。

例如，有一種ENT型的人覺得直覺比思考更有趣，於是自然而然會更仰賴直覺，並把思考列為次要。這類人認為直覺最可信，沒有其他歷程比得上。他們最喜歡、最常用、最信任的也是直覺。這也因此形塑了他們的生活，盡可能把所有空間都用來追求直覺目標。由於直覺是一種感知的歷程，因此ENT型會用感知的態度面對世界，他們便是

ENTP 型。

ENTP 型只有在判斷和思考與直覺不衝突的時候，才會選擇使用判斷和思考。即使如此，他們也只會用到一個程度而已，至於用到怎麼樣的程度，則取決於其判斷和思考的能力發展得多好。他們可能會善用思考來追求因直覺而生的目標，但不會讓思考阻斷正在追求的目標。

另一種 ENT 型覺得思考比直覺更好，這類型的 ENT 會讓思考主宰生活，直覺殿後。思考會決定目標，而直覺只能建議達成目標的方法。由於這類 ENT 型偏好的歷程屬於判斷，所以他們會用判斷的態度來面對世界，他們便是 ENTJ。

同理，比起實感，有些 ESF 型會在使用情感時更為滿意。他們會讓情感主宰人生，實感則位居次要。情感的地位至高無上、無庸置疑，只要與其他歷程有任何衝突，都以情感為先。ESF 型的人生因而形塑，為情感服務。因為情感偏好屬於判斷，因此他們會用判斷的態度面對世界，他們便是 ESFJ。

只有在與情感一致時，ESFJ 型才會把注意力放在感知和實感上。即使是這樣，他們也只會用到一個程度，多少程度則依感知與實感的發展地多好而定。情感重視的事情，就算實感提出懷疑，ESFJ 型也不會認可。

不過，另一種 ESF 型的人更喜歡實感，而情感次之，所以會將實感放第一位，情感居次。他們的人生因而形塑，為實感服務，提供一連串好看、好聽、好吃、好玩的經歷流。情感可以幫忙，但不能干預。這類 ESF 型因為偏好屬於感知歷程的實感，所以會用感知的方式來面對世界。他們便是 ESFP。

主導歷程壓過其他歷程並形塑人格，這個現象在榮格執業時得到實證。這種現象與外向和內向的偏好成為《心理類型》的基礎。有些人不喜歡主導歷程的概念，他們認為自己會平均使用四種偏好。然而榮格相信，這種平均使用四種偏好的人，會讓每一個歷程都無法好好發展，從而產生「發展不全的心理狀態」（primitive mentality），因為如果沒有一種偏好主宰一切，就會出現同一件事情有兩種相反作法、互相排斥的情形。如果要某一種感知歷程發展成熟，就必須佔用大多數的時間，代表另一種感知歷程必須常時關閉，也因此不會發展得那麼好。如果要某一種判斷歷程發展成熟，也一樣必須都以該種歷程為先。感知歷程與判斷歷程可以同時並進，前提是兩者互相支持。但是如果一個人想要真正發揮所長，就必須讓實感、直覺、思考、情感其中一種執掌大權。

輔助歷程（auxiliary processes）扮演的角色

不過，只有一個歷程是不夠的。想要得到平衡，就需要第二種歷程也有足夠的發展

（但並非相等程度的發展）。這樣的發展並不是要成為主導歷程的對手，而是擔任受歡迎的輔助角色。如果主導歷程是判斷，那輔助歷程就會是感知，無論實感或直覺都可以為判斷過程提供有力的協助。如果主導歷程是感知，那輔助歷程就會是判斷，無論是思考或情感都能持續提供支持。

如果沒有發展出有用的輔助歷程，那這種空缺就會很明顯。感知極端而缺乏判斷，等於只有帆沒有舵；判斷極端而缺乏感知，則等於徒有形式，沒有內容。

輔助歷程除了輔助主導歷程，還有另一個責任，就是扛下重擔，在外向與內向、外在世界與內在世界之間提供適切的平衡（平衡，不等於相等）。不管是哪一種類型，主導歷程都會浸淫在最喜歡的世界中，這樣的沉浸既恰當又得宜。主導歷程選擇的世界不僅比較有趣，也比較重要，他們在這裡可以用最好的狀態交出最優秀的成績，而這個世界也會要求他們的最佳歷程要全神貫注。如果主導歷程沉浸在比較不重要的事情上，生命主要的面向就會蒙受其害。因此，一般來說，比較不重要的事情就會交給輔助歷程來做。

對外向者而言，主導歷程是人與事物的外在世界，而輔助歷程就必須照看外向者的內在生活。如果沒有的話，外向者會變得極端外向，在其他發展平衡的外向者眼中，這樣的外向者就會顯得膚淺。

而內向者對於參與外在世界還是內在世界的選擇就比較少。不管他們想不想要，他們都得面對外在世界。內向者的主導歷程完全沉浸在思考世界，而輔助歷程只好盡量去應付外在世界。實際上，主導歷程會告訴輔助歷程：「去外面吧，躲不掉的就面對它，可是除非絕對必要，否則不要叫我出馬處理。」

除非絕對必要，內向者絕不想要把主導歷程用於外在世界，因為後果可想而知。如果將發展最成熟、最認真盡責的主導歷程用於外在事務，內向者會捲入無法負荷的外向性之中，使他們失去隱私與平靜。

內向者與外在世界接觸成功與否，取決於輔助歷程的效果。如果內向者的輔助歷程發展不夠成熟，內向者的外在生活就會變得尷尬、突然、不自在。因此，跟有類似缺陷的外向者比起來，輔助歷程發展不成熟的內向者會面臨更多更明顯的不良後果。

很難看清內向者的主導歷程是什麼

外向者的主導歷程外顯，不只看得見，而且很明顯。他們將最信任、最擅長、發展也最成熟的心智運作方式用於外在世界，因此外向者通常展現的就是這一面，他人見到的也是這一面，即使短暫接觸亦如此。外向者最佳主導歷程通常是即刻展現。

內向者的情況則恰恰相反。內向者的主導歷程習慣隱藏內在，如果非不得已要將注意力用於外在世界時，內向者傾向使用輔助歷程。一般人通常不得進入內向者的內在世界——除非與內向者關係親密，或對內向者喜愛的事物非常好奇（這或許是接近他們的最佳方法）。大多數人只看得到內向者於外在世界呈現的模樣，也就是第二優秀的輔助歷程。

這種情況形成的結果十分矛盾。主導歷程屬於判斷（思考或情感）的內向者，外在表現看起來卻不像判斷型。內向者展現於外的是屬於輔助歷程的感知，面對外在生活主要也是使用感知的態度。內向者的判斷傾向不太明顯，除非發生的事情對其內在世界非常重要，這種時候他們可能就會表現得異常積極。

同理，主導歷程屬於感知（實感或直覺）的內向者，外在行為看起來也不像是感知型。他們展現於外的是屬於判斷的輔助歷程，對外在生活也是用判斷的態度來面對。

要想像這種差異有個好方法，就是把主導歷程想成將領，輔助歷程想成副官。外向者的將領永遠在外與人互動，他人可以輕易與之見面交流，什麼時候都能得到他對任何一件事的官方意見。副官則會恭敬站在將領身後，或消失在營帳中；內向者的將領待在營帳處理優先要務，副官則在外阻絕一切干擾。如果副官也在營帳中協助將領，他會負責探出頭，看看外界需要什麼。他人遇見、共事的對象都是副官。只有在事情至關重要（或情誼深厚）時，對方才有機會見到將領本人。

如果外人不知道營帳中有一位將領，且他的位階其實超越他們見到的那位副官，那他們可能會輕易做出假設，認為這位副官就是唯一負責人。會有這樣錯誤的想法真的很可惜，因為這樣的想法不僅低估內向者的能力，也讓人無法看見內向者真正的願望、計畫、觀點。而唯一擁有這些資訊的人就是將領。

因此，與內向者相處要有一個很重要的心理準備，就是不要單憑平常的接觸，就認定內向者已經透露他們覺得真正重要的事。如果有內向者參與的決定，就應該讓內向者知道越充分的資訊越好。如果這件事對內向者來說很重要，將領就會走出營帳，透露幾個新的想法。如此一來，最終決定做得好的機率就會變高。

如何找出主導歷程

要從一個人的四字母組合觀察出主導歷程，有三種方法。當然，主導歷程不是偏向認知歷程（第二個字母），就是偏向判斷歷程（第三個字母）。

JP 偏好可以用來衡量主導歷程，但外向者和內向者的衡量方法絕不相同。JP 偏好反映的只有面對外在世界時使用的歷程。如前文所述，外向者的主導歷程用來面對外在世界，所以外向者的主導歷程會在JP偏好上顯現。如果外向者的組合尾巴是J，主導歷程就是判斷型，也就是T或F。如果尾巴是P，主導歷程就是感知型，也就是S或N。

內向者的情況恰恰相反。內向者的主導歷程並不會顯現在JP偏好上，因為內向者傾向不用主導歷程來面對外在世界。所以內向者的J或P並非表示主導歷程，而是輔助歷程。如果內向者組合的尾巴是J，主導歷程就是感知型，即S或N。如果尾巴是P，主導歷程就是判斷型，也就是T或F。

下方圖1整理出十六種人格類型的主導歷程供參考：

圖 1：十六種人格類型的主導歷程

	ST	SF	NF	NT
I - - J	ISTJ	ISFJ	INFJ	INTJ
I - - P	ISTP	ISFP	INFP	INTP
E - - P	ESTP	ESFP	ENFP	ENTP
E - - J	ESTJ	ESFJ	ENFJ	ENTJ

外向者	內向者
JP 偏好代表個人如何面對外在世界	JP 偏好代表個人如何面對外在世界
主導歷程在 JP 偏好中顯現	輔助歷程在 JP 偏好中顯現
主導歷程用來面對外在世界	主導歷程用來處理內在世界
輔助歷程用來處理內在世界	輔助歷程用來面對外在世界

第二章

榮格理論的延伸

第一章用淺顯的方式介紹了榮格《心理類型》的人格類型理論，並用發展良好者展現出的日常面向，來闡述這個理論。除了主導歷程之外，這些人還會有發展成熟的輔助歷程，以達到判斷與感知，以及外向性與內向性之間的平衡。但榮格的著作描述這些正常、平衡的類型時，完全沒有提到這些人使用的輔助歷程。他介紹每一種主導歷程時只講重點，並描述內向性與外向性之間的最大差異，因此他描述的是十分罕見的類型。這種類型甚少或完全沒有發展輔助歷程，「單純」到只能在理論中見得。

榮格的論述造成一些不幸的影響。榮格忽略輔助歷程，因此跳過感知與判斷的組合，也跳過了這個組合對商業、人、語言、科學的廣泛興趣。而且感知與判斷組合起來之後會帶來的景象（也就是這種組合會有的日常型態），榮格在《心理類型》的第五百一十五頁中，僅僅使用了短短七行文字輕描淡寫帶過去（見稍後，我們將引述他這七行文字的原文）。因此，日後當其他研究者重新發見這些類別，並給予不同的命名時，其實無從得知，自己的研究發現其實和榮格理論是有相似之處的。

忽略輔助歷程還有一個嚴重的後果，即內向者類型遭到扭曲。內向者類型透過輔助歷程來表現外向性，亦即他們展現於外的人格、他們與世界交流的方式與行事風格。如果認定他們沒有輔助歷程，就等於認為他們沒有外向性，也就是認為他們無法與他人交流，無法提出自己的想法，對外在世界完全沒有影響力。

可是榮格又非常賞識內向者的價值，所以在「單純」內向性的這個案例中，榮格等於讓他對這個理論概要的熱情背叛了自己，十分諷刺。在他的描述中，內向者不僅完全沒有外向性，且似乎內向者皆是如此。現實世界裡，輔助歷程發展成熟的內向者的確可以運作良好，他們也是這世界必不可少的角色，但這些榮格都未能在書中傳達，等於讓世人有機會誤解他的理論。許多人完全誤解他的理論，因此以為內向與外向的基本差別來自於不同的調適，而非個人針對取向做出的合理選擇。

榮格理論的讀者中，很少有人發現榮格類型理論的概念其實會影響到我們熟悉的日常問題，如教育、諮詢、任用、溝通、家人相處等，因此榮格理論的實務面向在這幾十年來，一直都處於尚未開發的狀態。

榮格理論中被忽略的意義

人格理論要實用，就必須描述並解釋人格。因此，榮格的理論必須延伸並涵蓋下列三種必備要素：

無所不在的輔助歷程

人格達到平衡的第一必備要素，就是發展能支持主導歷程的輔助歷程。《心理類型》中，榮格一直到介紹完所有心理類型後，才在第五百一十三頁提到輔助歷程，他是這樣說的：

■在前文描述中，我不想讓讀者認為，這些單純的類型在現實生活中可經常見得。(1923, p. 513)

■除了分化程度最高的功能之外，還有一個功能也一直存在，為相對的決定性因素。這個功能因為次要，所以在意識裡分化程度低下。(1923, p. 513)

■經驗顯示，第二功能的本質絕對永遠與主導功能不同，但也不會與主導功能對立。

因此，當思考為主導功能時，便能輕易與直覺配對成為輔助特性，也可以跟實感配對，但絕不會跟情感搭配。(1923, p. 515)

感知與判斷組合的結果

如第一章所述，這種組合產生的特質，可能是人格類型中最容易識別的面向。榮格在這方面的描述只有下列這一段：

從這些組合可以得出人人知曉的結果。例如，實際的智識配上實感，推理的智識配上直覺，藝術的直覺會透過情感判斷選擇並呈現意象，哲學性的直覺聯合充滿活力的智識，將願景轉化成眾人可理解的思維，以此類推。(1923, p. 515)

求取內、外向的平衡時，輔助特性扮演的角色

輔助特性提供內向者所需的外向性，提供外向者所需的內向性，這樣的基本原則非常重要。外向者的輔助特性使其得以進入自己的內心世界和思考世界；而內向者的輔助

特性則讓他們得以適應行動世界，且有刃有餘。

榮格對於這個事實的陳述既簡短又隱晦，因此，除了荷蘭心理學家范・德・霍普（van der Hoop）以外，幾乎所有他的追隨者都忽略了其中的原則。追隨者的假設是，發展最成熟的兩種歷程，都會用在個體最喜愛的面向（都是外向或都是內向）；另一個外向或內向的面向，則由發展程度較為低下的兩個歷程擺佈。榮格在書中寫道：

> 所有實務中觀察到的人格類型都符合一個原則，即除了顯意識的主導功能外，還有一個潛意識的輔助功能，這個功能每一方面都與主導功能的本質不同。(1923, p. 515)

這段用的詞是「每一方面」。如果輔助歷程每一方面都與主導歷程不同，那若主導歷程為內向，則輔助歷程就不可能為內向。若主導歷程為內向，那輔助歷程就一定是外向；如果主導歷程為外向，那輔助歷程就一定是內向。[1]榮格在下列兩段句子確認了這樣的詮釋，這兩段句子一段說的是內向思考者，另一段說的是外向者：

> 隸屬於情感、直覺及實感、相對比較無意識的功能（這些功能恰與內向思考相抗衡），其品質較為低下，具有原始與外向等特徵。(1923, p. 489)

若外向性的機制佔優勢……分化程度最高的功能會持續為外向性而用，而發產程度較低下的功能則為內向性服務。(1923, p. 426) 2

「輔助歷程負責內向者的外向性和外向者的內向性」這個結論，可經由觀察而得。觀察者在發展平衡的內向者身上，可以看到內向者的外向性是由輔助歷程掌管。如 **ISTJ** 型（內向實感型，輔助特性偏好思考多於情感）通常會用第二優秀的歷程（即思考）來運作外在生活，所以他們的外在生活總是充滿客觀的系統和秩序。他們不會讓排序第三優秀的歷程（即情感）來管理自己的外在生活，除非他們的實感和思考都屬於內向。

同理，**INFP** 型（內向情感型，輔助特性偏好直覺多於實感）通常會用第二優秀的歷程（即直覺）來運作外在生活，所以他們的外在生活充滿活力與熱忱，也常有很多計畫。他們不會讓第三優秀的歷程（即實感）來管理其外在生活，除非他們的情感和直覺都屬於內向。

另一個比較隱而不顯的證據是內向者輔助歷程的「外向性格」。例如發展良好的 **ISTJ** 型，他的輔助歷程（思考）會比較像外向思考型的思考方式，而非內向思考型的。要證明這一點，可以拿任一個內向者的輔助歷程，與第八章的圖二八至圖三一比較。這個圖表中列出了外向思考型與內向思考型、外向情感型與內向情感型等之間的差異。

因此，人格類型要有好的方展，輔助歷程就必須在兩個方面補充主導歷程——亦即不僅要維持感知與判斷的平衡，也要維持外向性與內向性的平衡。若無法維持平衡，個體就會陷入真正的「不平衡」狀態，退縮至其偏好的世界中，對另一個世界（有意識或無意識地）感到恐懼。這樣的案例確實存在，且似乎也支持著榮格派分析師廣傳的假設論點，即主導歷程與輔助歷程要不都是外向性，就都是內向性。但這些案例並非常態，而是輔助歷程發展不足、使用上也毫無效率的案例。若要在外在或內在世界都活得自在、有效率，個體就需要平衡的輔助歷程。如此一來，才有可能面對周遭世界和內心世界都如魚得水。

最後組成的十六型人格

如果將輔助歷程考慮在內，榮格的人格類型就可以分成兩類。內向思考型就不只是一種類型，還可以分為搭配實感的內向思考型與搭配直覺的內向思考型。因此，榮格的八種人格類型就會變成十六種。如果這些類型沒有邏輯、互無關聯，那十六種就會太冗雜。但每一種類型其實都是由其偏好發展而來，類型之間也因為有共同偏好而產生緊密關聯。（十六種人格類型之間的關聯請見第三章圖二的人格類型表，以圖表來展現較有組織也較好理解。）

要觀察一個人是什麼樣的類型，並不需要一次比較十六種類型。只要確定任一種偏好，就可以把可能性減半。舉例來說，只要是內向者，就一定是八種內向者類型之一。內向直覺型就一定是四種 IN 型之一。如果這個人比較喜歡思考而非情感，就可以再細分到 INT 型。最後一個步驟，就剩下決定主導歷程的 JP 偏好了。

判斷與感知的角色

JP 偏好讓人格類型的結構臻於完整。如第一章結尾解釋的，決定主導歷程時，JP 偏好必不可少。然而，榮格的學生在《心理類型》當中找不到任何有關 JP 偏好的資料，因為雖然榮格偶爾會在對外向者的描述中提到判斷與感知的類型，但他從來沒有提過內向者也有這樣的偏好，以及這樣的偏好可以反映內向者的外向性。會這樣省略是必然，因為榮格從來沒有提過內向者的外向性。

榮格做的，是把所有類型分為理性（rational）和非理性（irrational）。「理性」類型的主導歷程是思考和情感，而「非理性」類型的主導歷程則是實感或直覺。這樣的分類對決定一個人的人格類型來說並沒有什麼幫助。例如，內向情感型的理性對觀察者來說太過隱密幽微，所以很難確認甚至寫進報告中。用相對來說簡單、好觀察的反應來衡量，會比較保險。

而 **JP** 偏好就是一種簡單、好觀察的反應。**JP** 偏好是最佳的第四種二分法，前提是要記住這個細節：**JP** 偏好只和外在行為有關，因此與內向者的主導歷程只有間接關聯。**JP** 偏好有三大優點：一、易於確認；二、具描述性，且擁有幾個醒目又重要的特質；三、用正向語彙表達一種基本的分類方法，兩邊都不冒犯。無論判斷型或感知型都可以從自己的類型中看到優點，而大多數人看到「非理性」這個詞，都會覺得有挑釁意味。[3]

將 **JP** 偏好納入人格類型理論，是來自凱薩琳．庫克．布里格斯未出版的人格研究。這份研究完成的時間比榮格《心理類型》出版的時間還要早，發展出的人格類型分類與榮格的一致，但沒那麼詳細。布里格斯的「沉思型」（meditative type）囊括所有的內向者類型，「自發型」（spontaneous type）與感知行為最強烈的外向感知型相呼應，而「執行型」（executive type）與外向思考型相符，「社交型」（sociable type）則與外向情感型的描述一致。

榮格的理論於一九二三年出版時，布里格斯發現榮格的理論遠遠好過自己的研究，所以她傾心投入研讀。她將本章先前提及的引文整合，將輔助歷程詮釋為負責掌管內向者外在生活的歷程。她觀察「沈思型」朋友的外在生活以求證，後來證明她的論點是正確的。

另外，布里格斯發現，如果內向者的輔助歷程是感知，就會產生感知的態度，且其外在人格會像是外向感知型的「自發型」人格，只是很安靜。如果內向者的輔助歷程是判斷，就會形成判斷的態度，且外在人格就會像是「自發型」人格的相反。

布里格斯對「自發型」的理解，讓她認可了感知態度與判斷態度，並確認這就是第四組對立偏好。原來的外向與內向（EI）、實感與直覺（SN）、思考與情感（TF），再加上判斷與感知（JP）偏好，於是人格類型系統就完成了。布里格斯當時整合這四種偏好的作用分析的結果，成為後來人格類型投入實務的關鍵。4

四組對立偏好的真實面

在我和凱薩琳·布里格斯後續的研究中，我們將這四種對立偏好視為基礎。這四種對立不是我們發明的，也不是我們發現的，而是早已存在於榮格的功能類型理論中。這個理論是經多年的觀察而得，對榮格而言是整合了他對人格已知的知識。我們對定義這些歷程比較沒有興趣，我們比較想盡可能觀察並推論每一種偏好產生的結果，並用最好觀察（而非最重要）的結果來擬出辨認人格類型的方法。

人格類型中相對表面的面向是最容易觀察到的，所以有很多細瑣的反應都可以用來識別人格類型，但這些只是判定風往哪邊吹的稻草而已，而非風本身。若假定態度和感知或判斷歷程的本質，可以透過瑣碎的表面效應、反映這些歷程的測驗題目、或用來描述這些歷程的詞彙來定義，這樣的想法就錯了。這四種偏好的本質都擁有可以觀察的真實面。

大家都能理解我們有兩個世界，我們可以選擇要將注意力放在哪一邊。一個是外在世界，亦即事情都發生在個體之外，或該事「不包含」此個體；另一個是內在世界，事情發生在個體內心，因此個體是事情發展的過程中不可分割的一部份。

雖然看別人比看自己還清楚，不過大家也都能理解，每個人在面對外在世界時都有兩種態度可以選擇。可以是當下感知，不帶判斷，也可以是直接判斷，不再有更多感知。

在思考自己的心智歷程時，我們知道感知方法顯然不只有一種，不可能只侷限於感官接觸。經由直覺傳遞的隱微訊息，我們也可以察覺事情可能的發展或可以成為何種樣貌。

最後一點，是大家都知道（至少可以從他人身上看到）判斷方式有兩種，一種是思考，另一種是情感。這兩種每個人每天都會用到，有時使用得宜，有時不然。

因此，對立偏好的存在並不是什麼新鮮事，榮格自己也有提到這點。只要人們停下來想一想，就知道對立偏好是常識。但難的地方在於，榮格說，這些對立偏好在不同人格類型看起來都不一樣，每一個類型都用自己的方式來經歷這些對立偏好。即使「完全」熟知所有十六型人格的觀點，並給出了這些對立偏好的定義，也不可能所有人都滿意。然而，如果摒棄正式的定義，以自己體驗到的真實面出發的話，大家就會同意：在先前提到的這四個方面中，每一方面都是一種對立偏好的選擇。無論這些二分法是如何定義，每個人都有可能會經歷到這些選擇。

榮格整合上述知識，並產生一個新的洞見，即最初這些基本對立偏好的選擇，會決定一個人感知與判斷的發展進程，因而對人格產生重大影響。這個出眾的想法為種種人與人之間的簡單差異、人格的複雜性、大相逕庭的滿意程度與生活動力，提供了清楚解釋的可能。這個想法也在理解年輕人發展方面，開啟了重要的新維度。

榮格認為自己的理論可以幫助人瞭解自我，但此理論的應用（如同理論本身）已超越榮格的範圍。人格類型的概念清楚展現了個體感知與判斷的方式，還有人們最重視的是什麼，因此這個概念十分有用，可以用於必須與他人溝通、與他人生活、或做出會影響他人決定的時候。

第二部

偏好對人格的影響

第三章

人格類型表：人格類型的比較與發掘

每種人格類型必定會用自己的方式，去體驗與自己對立的偏好，也自然會用自己的觀點和自己擁有的偏好，來看待人格類型理論與這些偏好的實際結果。因此，接下來幾章討論的內容，以及讀者自己搜集到的經驗與資料，都會在讀者親自看到這些類型之後，產生更大的意義。

因此，人格分類指標的使用者，應該去觀察這些偏好是如何實際運作的，並將「人格分類的描述」與「該類型的日常行為」加以比較。觀察者可能會有一些新發現，但重點在於對人格類型要有第一手的瞭解。

有個問題是：人格類型多達十六種，要硬背太難了。若要看見這些類型的不同之處，最好的方法就是比較和對比。而若想記得讀過和觀察到的人格類型，最簡單的方法就是和家人朋友一起做一份「人格類型表」。

人格類型表是一種工具，幫助你看到所有類型之間的關係。用表格整理人格類型，會讓表格中特定區域記載的人格類型，共有相同的偏好，因此也會擁有該偏好帶有的特質。因此，人格類型表對研究資料分析和個人系統性觀察都很有價值。製表時填上家人朋友的名字，會讓人格類型表和人格之間的差異更貼近真實生活。

人格類型表非常方便，可以清楚看見每一個類型在哪裡，無需尋找。下列記憶補帖很有幫助。

先從感知開始。感知是最先接觸到、也最容易觀察的。人格類型表第一個分類就是SN。所有實感型都分到左邊，所有直覺型都分到右邊。要記得哪邊是什麼很簡單：「SN偏好」這個唸法就是S在左，N在右。所以第一步就是如下圖。

接下來是判斷（TF思考與情感），判斷可能是第二好辨別的選擇。將每一邊用TF分開，形成四種感知與判斷的組合。情感的兩個欄位置於中間，相互比鄰，而思考的兩個欄位則靠近外側。如此安排反映了情感型與他人的緊密關係，而思考型則與他人距離較遠。因此第二步就是如下頁的第一圖。

實感型 Sensing Types	直覺型 Intutive Types
–S – –	–N – –

請記住，每次移動到下一個組合都只能換一組偏好。因此，每一個組合與其最接近的組合之間，會有一個歷程相同。

下一步是外向或內向的 EI。內向型位於人格類型表的上半部，或說「北」半邊，這裡的人沉默含蓄又矜持、只管自己的事、不太管他人的事。而態度較開放、好相處、健談而友善的外向型，則放在人格類型表的下半部或「南」半邊。（但也不要以為，人格類型存在地域差異）所以第三步如本頁最下方的圖。

最後一次分類是判斷與感知的 JP，將每一列分為上下兩塊，接著人格類型表就完成了，共有四欄四列，如圖二所示。偏好在橫列的安排方式如下：最底層的列為 EJ（外向判斷型），倒數第二列是 EP（外向感知型）。每次移動只換一組偏好，所以再上一列是 IP 型（內向感知型）。

實感型		直覺型	
思考 Thinking	情感 Feeling	情感	思考
– ST –	– SF –	– NF –	– NT –

	實感型		直覺型	
	思考	情感	情感	思考
內向	IST –	ISF –	INF –	INT –
外向	EST –	ESF –	ENF –	ENT –

第一列則是IJ型（內向判斷型），與最下面一列的外向判斷型相互平衡。於是，個性較堅韌的類型如城牆般圍在人格類型表四周，包含左右兩邊的思考型與上下兩邊的判斷型；而較「溫柔」的FP型則在中間。性格最堅韌的兩種偏好所形成的類型，即堅忍不拔、實事求是的TJ型，則佔據表格四角。

只要按照以下的原則來記憶，就可以輕鬆重現人格類型表：**SN是由左向右（左S右N），中間是彼此相鄰的情感型F欄位，在上面（「北邊」）的是內向者，在下方（「南邊」）的是外向者，而判斷型J則堅守表格最上方和最底層**。更重要的是這個表的架構清晰，幫助我們整理收藏人格類型的特質。

本書最後附有全尺寸的人格類型表，表上每一種類型的方格裡面，都有足夠空間供讀者寫下符合該類型的朋友、親人、同事等名字，如有需要也可以寫下職業。人格類型表製作完成後，外向者與內向者的差異，就可以透過對比表格上半部與下半部而得；SN偏好的差異可以比較表格左半邊與右半邊；TF偏好的差異則可以對比最外圍與最靠中間的欄位；而JP偏好則要比較上下與中間兩列。

各自獨立的偏好所產生的影響確立之後，就可以看出人格類型表各區域的偏好是如何交互影響，發展出明確的特徵。直覺加情感的欄位會發現很多精神科醫生，是再自然不過。對主管職躍躍欲試的年輕人往往都是TJ，原因也顯而易見。賓州大學華頓商學院的學生大部分都是ES，而加州理工學院的學生則大部分都是IN，也十分合情合理。

另一方面，當樣本是按照職業、大學主修、受教育年限或任何傾向分類，並分配到人格類型表時，表上某區域集中的現象可能會展現該區域人格類型的全新事實。

以識別類型和類型群組而言，字母比詞彙更精準方便。有一個以上共同偏好的類型群組，用共同的字母來定義會更精確，並按照標準順序排列，在字母不相鄰之處使用破折號。

本書會用最廣泛的方式來選定類型。因此，人格類型表左半邊的八種類型皆為實感型，右半邊的八種類型則為直覺型。（見圖2）

另一方面，內向直覺型這個詞意義只侷限於主導歷程為直覺的內向者，即IN-J型；而外向直覺型則是主導歷程為直覺的外向者，即EN-P。

圖2：人格類型表

		實感型		直覺型	
		思考	情感	情感	思考
		– ST –	– SF –	– NF –	– NT –
內向	I – – J	ISTJ	ISFJ	INFJ	INTJ
	I – – P	ISTP	ISFP	INFP	INTP
外向	E – – P	ESTP	ESFP	ENFP	ENTP
	E – – J	ESTJ	ESFJ	ENFJ	ENTJ

同理，內向實感型為IS-J，外向實感型則是ES-P，以此類推。這些都是榮格原有理論八種人格類型的正式名稱。

本書使用的「搭配」一詞，意指兩種偏好的組合，與主導歷程無關。人格類型表右上角的四格IN型是「內向搭配直覺」，NF欄出現的類型則是「內向搭配情感」，以此類推。

圖3至圖23的人格類型表展示了字母組合的意義。更重要的是，這個表還說明發掘各個類型時，如何運用出現頻率。如果某類型在一個樣本的出現頻率比預期更頻繁（或更不頻繁），就表示此類型的特性可能就是造成這種分布的原因。

探索這些假說時，對這些類型預計出現的頻率做出合理估計是必要之舉。為此，本章大多數人格類型表採用的出現頻率，皆來自準備上大學的男高中生樣本，共三千五百〇三名，如圖三所示。圖五與圖八的樣本也涵蓋在這個表的樣本數中。一九六二年《邁爾斯——布里格斯人格分類指標使用手冊》（Myers-Briggs Type Indicator® Manual）第四十五頁也使用此樣本來預估出現頻率。

圖3至圖23的人格類型表展示出現頻率最高的區塊，以及相對來說人數較少的區域。每種類型在樣本中的佔比會用黑色方塊（一個方塊代表約百分之二）或黑色圓圈（一個圓圈代表約兩個人）來記錄與展現。圖16、17、18、20使用圓圈，樣本數皆小於一百。

圖 3：大學預校高中學生（N = 3,503 名男性）

Sensing Type 實感型		Intuitive Types 直覺型			
實感型／思考 with Thinking	實感型／情感 with Feeling	直覺型／情感 with Feeling	直覺型／思考 with Thinking		
ISTJ N = 283 8.1%	**ISFJ** N = 139 4.0%	**INFJ** N = 74 2.1%	**INTJ** N = 164 4.7%	判斷 Judging	Introverts 內向
ISTP N = 180 5.1%	**ISFP** N = 153 4.4%	**INFP** N = 146 4.2%	**INTP** N = 209 6.0%	感知 Perceptive	
ESTP N = 271 7.7%	**ESFP** N = 225 6.4%	**ENFP** N = 250 7.1%	**ENTP** N = 276 7.9%	判斷 Judging	Extraverts 外向
ESTJ N = 549 15.7%	**ESFJ** N = 227 6.5%	**ENFJ** N = 124 3.5%	**ENTJ** N = 233 6.6%	感知 Perceptive	

	N	%	N	%	
E	2,155	61.5	2,165	61.8	**T**
I	1,348	38.5	1,338	38.2	**F**
S	2,027	57.9	1,793	51.2	**J**
N	1,476	42.1	1,710	48.8	**P**

圖 4：非大學預校高中學生（N = 1,430 名男性）

ISTJ N = 149 10.4%	**ISFJ** N = 82 5.7%	**INFJ** N = 5 0.3%	**INTJ** N = 18 1.3%
ISTP N = 122 8.5%	**ISFP** N = 102 7.1%	**INFP** N = 26 1.8%	**INTP** N = 27 1.9%
ESTP N = 168 11.8%	**ESFP** N = 129 9.0%	**ENFP** N = 45 3.2%	**ENTP** N = 40 2.8%
ESTJ N = 293 20.5%	**ESFJ** N = 178 12.5%	**ENFJ** N = 16 1.1%	**ENTJ** N = 30 2.1%

	N	%	N	%	
E	899	62.9	847	59.2	**T**
I	531	37.1	583	40.8	**F**
S	1,223	85.5	771	53.9	**J**
N	207	14.5	659	46.1	**P**

至於外向者、內向者等總數，以及每一個數字代表的比例，皆註明於人格類型表下方。

圖4與圖5的人格類型表，樣本來自一九五七年春季費城市郊二十五所高中的男高中生。主要為十一和十二年級生——在這段期間，大學預校和非預校的課程會產生明顯差異。[5]這裡最大的差異就在直覺型。非預校學生直覺型的比例低，而預校學生則有百分之三十八為直覺型。

圖 5：大學預校高中學生（N = 2,603 名男性）

ISTJ N = 216 8.3%	**ISFJ** N = 105 4.0%	**INFJ** N = 52 2.0%	**INTJ** N = 108 4.1%
ISTP N = 151 5.8%	**ISFP** N = 126 4.8%	**INFP** N = 103 4.0%	**INTP** N = 145 5.6%
ESTP N = 218 8.4%	**ESFP** N = 193 7.4%	**ENFP** N = 170 6.5%	**ENTP** N = 184 7.1%
ESTJ N = 440 16.9%	**ESFJ** N = 164 6.3%	**ENFJ** N = 78 3.0%	**ENTJ** N = 150 5.8%

	N	%	N	%	
E	1,597	61.4	1,612	61.9	**T**
I	1,006	38.6	991	38.1	**F**
S	1,613	62.0	1,313	50.4	**J**
N	990	38.0	1,290	49.6	**P**

在偏好方面，除了SN之外，其他類型出現頻率的差異極小。兩張圖最常見的類型都是屬於S型的ESTJ，最不常見的是N型的INFJ。除此之外，樣本數分布相當均勻。這點也很合理，因為高中學生形形色色，異質性高，最後都會走向不同的職涯方向。至於走上了哪些職涯之路，可參見大學人格類型表（圖12至圖19）的內容。

高中女學生人格類型表如圖6和圖7所示。這

圖 6：非大學預校高中學生（N = 1,884 名女性）

ISTJ N = 120 6.4%	**ISFJ** N = 240 12.7%	**INFJ** N = 13 0.7%	**INTJ** N = 7 0.4%
ISTP N = 36 1.9%	**ISFP** N = 125 6.6%	**INFP** N = 36 1.9%	**INTP** N = 14 0.7%
ESTP N = 84 4.5%	**ESFP** N = 259 13.7%	**ENFP** N = 95 5.0%	**ENTP** N = 15 0.8%
ESTJ N = 305 16.2%	**ESFJ** N = 476 25.3%	**ENFJ** N = 46 2.5%	**ENTJ** N = 13 0.7%

	N	%	N	%	
E	1,293	68.6	594	31.5	**T**
I	591	31.4	1,290	68.5	**F**
S	1,645	87.3	1,220	64.8	**J**
N	239	12.7	664	35.2	**P**

兩個圖確認了直覺與教育程度之間的關連，也展示TF型重要的性別差異。兩份女性樣本的人格類型表都有百分之六十八為情感型，非預校男學生情感型佔百分之四十一，而預校男學生情感型比例則是百分之三十八。由於有性別差異，所以涵蓋男性與女性人格類型出現頻率的資料必須分開展示。如果混為一談，兩種性別人格類型的出現頻率都會出錯。

圖6與圖7的實感型

圖 7：大學預校高中學生（N = 2,155 名女性）

ISTJ N = 72 3.3%	**ISFJ** N = 149 6.9%	**INFJ** N = 59 2.7%	**INTJ** N = 39 1.8%
ISTP N = 47 2.2%	**ISFP** N = 105 4.9%	**INFP** N = 136 6.3%	**INTP** N = 66 3.1%
ESTP N = 75 3.5%	**ESFP** N = 243 11.3%	**ENFP** N = 269 12.5%	**ENTP** N = 111 5.2%
ESTJ N = 210 9.7%	**ESFJ** N = 380 17.6%	**ENFJ** N = 123 5.7%	**ENTJ** N = 71 3.3%

	N	%	N	%	
E	1,482	68.8	691	32.1	**T**
I	673	31.2	1,464	67.9	**F**
S	1,281	59.4	1,103	51.2	**J**
N	874	40.6	1,052	48.8	**P**

對判斷態度有強烈的偏好。在非大學預校的樣本中，直覺型非常少，但判斷型佔了百分之六十五。整體而言，實感型比較喜歡用判斷的方式運作其外在生活，先行解決問題。直覺型則喜歡用感知來運作外在生活，讓直覺跟隨靈感。

圖8的人格類型表，樣本來自準備進大學的預校男高中生。不過這所費城中央高中（Central High School）是男校，只有智商高於一百一十（含）、

圖 8：中央高中學生（N = 900 名男性）

ISTJ N = 67 7.4%	**ISFJ** N = 34 3.8%	**INFJ** N = 22 2.5%	**INTJ** N = 56 6.2%
ISTP N = 29 3.2%	**ISFP** N = 27 3.0%	**INFP** N = 43 4.8%	**INTP** N = 64 7.1%
ESTP N = 53 5.9%	**ESFP** N = 32 3.6%	**ENFP** N = 80 8.9%	**ENTP** N = 92 10.2%
ESTJ N = 109 12.1%	**ESFJ** N = 63 7.0%	**ENFJ** N = 46 5.1%	**ENTJ** N = 83 9.2%

	N	%	N	%	
E	558	62.0	553	61.4	**T**
I	342	38.0	347	38.6	**F**
S	414	46.0	480	53.3	**J**
N	486	54.0	420	46.7	**P**

且進入該校之前的兩年期間，成績最多只能有一科為C的學生才能錄取。

這樣的學業成績要求，代表學生不得輕忽任何一個學科。這點可能會讓人認為這所學校的樣本中，J型樣本數應該會大幅增加才對。此樣本的J型學生人數的確增加了，但僅從百分之五十點四成長到五十三點三而已。

N的出現頻率從百分之三十八提升至百分之五十四，導致沒有N也沒有J的四種SP型出現頻

圖 9：國家優秀獎學金決選學生（N = 671 名男性）

ISTJ N = 36 5.4%	**ISFJ** N = 7 1.0%	**INFJ** N = 31 4.6%	**INTJ** N = 110 16.4%
ISTP N = 21 3.1%	**ISFP** N = 6 0.9%	**INFP** N = 81 12.1%	**INTP** N = 107 15.9%
ESTP N = 7 1.0%	**ESFP** N = 10 1.5%	**ENFP** N = 62 9.2%	**ENTP** N = 78 11.6%
ESTJ N = 23 3.5%	**ESFJ** N = 6 0.9%	**ENFJ** N = 28 4.2%	**ENTJ** N = 58 8.7%

	N	%	N	%	
E	272	40.5	440	65.6	**T**
I	399	59.5	231	34.4	**F**
S	116	17.3	299	44.6	**J**
N	555	82.7	372	55.4	**P**

率也降低。

圖9的美國國家優秀獎學金（National Merit Scholarship）決選學生中，N型的出現頻率從百分之五十四上升到百分之八十二點七。剩下的百分之十七點三為S型，ISTJ是其中傑出的生存者，佔樣本數百分之五。

相對中央高中的女校為費城女中（Philadelphia Girl's High School），入學標準和中央高中相同。圖10與圖11人格類型表的出現頻率分布，與本書前

圖 10：費城女中學生（N = 348 名女性）

ISTJ N = 21 6.0%	**ISFJ** N = 26 7.5%	**INFJ** N = 16 4.6%	**INTJ** N = 16 4.6%
ISTP N = 3 0.9%	**ISFP** N = 18 5.2%	**INFP** N = 19 5.4%	**INTP** N = 14 4.0%
ESTP N = 10 2.9%	**ESFP** N = 17 4.9%	**ENFP** N = 49 14.1%	**ENTP** N = 14 4.0%
ESTJ N = 38 10.9%	**ESFJ** N = 41 11.8%	**ENFJ** N = 27 7.8%	**ENTJ** N = 19 5.4%

	N	%	N	%	
E	215	61.8	135	38.8	**T**
I	133	38.2	213	61.2	**F**
S	174	50.0	204	58.6	**J**
N	174	50.0	144	41.4	**P**

幾頁男校的樣本差不多，只是男性樣本大部分為T型，女性樣本則多為F型，如先前所示。

費城女中的內向者為百分之三十八點二，而女校國家優秀獎學金決選者的內向者比例則上升至百分之五十二點一。

費城女中的直覺型為百分之五十，在國家優秀獎學金決選者中，比例則升高至百分之八十一點八。

如同國家優秀獎學金決選男學生的 ISTJ，決選

圖 11：國家優秀獎學金決選學生（N = 330 名女性）

ISTJ	ISFJ	INFJ	INTJ
N = 10 3.0%	N = 17 5.2%	N = 36 10.9%	N = 29 8.8%
ISTP	**ISFP**	**INFP**	**INTP**
N = 4 1.2%	N = 5 1.5%	N = 38 11.5%	N = 33 10.0%
ESTP	**ESFP**	**ENFP**	**ENTP**
N = 0 0%	N = 10 3.0%	N = 61 18.5%	N = 32 9.7%
ESTJ	**ESFJ**	**ENFJ**	**ENTJ**
N = 7 2.1%	N = 7 2.1%	N = 26 7.9%	N = 15 4.6%

	N	%	N	%	
E	158	47.9	130	39.4	**T**
I	172	52.1	200	60.6	**F**
S	60	18.2	147	44.5	**J**
N	270	81.8	183	55.5	**P**

女學生之中優秀的S型人為ISFJ，出現頻率為百分之五，與男學生的ISTJ相呼應。

從這裡開始出現了「自我選擇」：高中畢業後，學生可以自由選擇喜歡的領域就讀。樣本中任一類型的自我選擇程度以「SSR自我選擇比率」（self-selection ratio）表示，即樣本中某類型出現頻率百分比，除以其在相應的基礎母體中出現頻率的百分比。本章的樣本除了藝術與諮商學生外，

圖 12：人文學科學生（N = 3,676 名男性）

ISTJ	ISFJ	INFJ	INTJ
N = 269 7.3% SSR = 0.91	N = 154 4.2% SSR = 1.06	N = 185 5.0% SSR = 2.38	N = 267 7.3% SSR = 1.55
ISTP N = 120 3.3% SSR = 0.64	**ISFP** N = 103 2.8% SSR = 0.64	**INFP** N = 294 8.0% SSR = 1.92	**INTP** N = 287 7.8% SSR = 1.31
ESTP N = 138 3.8% SSR = 0.49	**ESFP** N = 157 4.3% SSR = 0.66	**ENFP** N = 353 9.6% SSR = 1.35	**ENTP** N = 298 8.1% SSR = 1.03
ESTJ N = 343 9.3% SSR = 0.60	**ESFJ** N = 218 5.9% SSR = 0.92	**ENFJ** N = 214 5.8% SSR = 1.64	**ENTJ** N = 276 7.5% SSR = 1.13

	N	%	N	%	
E	1,997	54.3	1,998	54.4	**T**
I	1,679	45.7	1,678	45.6	**F**
S	1,502	40.9	1,926	52.4	**J**
N	2,174	59.1	1,750	47.6	**P**

基礎母體均為三千五百〇三名男高中生（如圖3）。

在圖12至圖23當中，十六種人格類型全部都會附上SSR自我選擇比率。SSR值大於一點〇〇代表積極的自我選擇，SSR值小於一點〇〇代表一定程度的迴避自我選擇。SSR最高（通常是一

圖 13：工程學生（N = 2,188）

ISTJ N = 222 10.1% SSR = 1.26	**ISFJ** N = 92 4.2% SSR = 1.06	**INFJ** N = 115 5.3% SSR = 2.49	**INTJ** N = 301 13.8% SSR = 2.94
ISTP N = 49 2.2% SSR = 0.44	**ISFP** N = 42 1.9% SSR = 0.44	**INFP** N = 110 5.0% SSR = 1.21	**INTP** N = 191 8.7% SSR = 1.46
ESTP N = 67 3.1% SSR = 0.40	**ESFP** N = 29 1.3% SSR = 0.21	**ENFP** N = 124 5.7% SSR = 0.79	**ENTP** N = 159 7.3% SSR = 0.92
ESTJ N = 197 9.0% SSR = 0.57	**ESFJ** N = 72 3.3% SSR = 0.51	**ENFJ** N = 134 6.1% SSR = 1.73	**ENTJ** N = 284 13.0% SSR = 1.95

	N	%	N	%	
E	1,066	48.7	1,470	67.2	**T**
I	1,122	51.3	718	32.8	**F**
S	770	35.2	1,417	64.8	**J**
N	1,418	64.8	771	35.2	**P**

點二〇以上）的類型相鄰時，就會形成一個自我選擇區，在人格類型表以灰色表示。

樣本為人文學科男學生的圖12顯示，自我選擇區有四種NF型，他們通常都對文學和人文學科很有興趣。此外還有兩種INT型，他們對文科稍感興趣，但對其他領域更為好奇。

樣本為工程類學生的圖13顯示，自我選擇區包含IN象限、兩種ENJ型、ISTJ。重點在N和J，而F與NJ搭配時，似乎跟T一樣都會受到工程類吸引。請注意，如果將表格捲成橫放的圓柱，ENJ型會和IN象限相鄰；若將表格捲成直放的圓柱，ISTJ則會與IN象限相鄰。（以上人文學科與工程類樣本資料引自一九六二年MBTI®手冊第四十五頁）

圖14的人格類型表，樣本為賓州大學華頓商學院的四百八十八名大學生。至於與這些類型相反（或說相對）的人格類型表（圖15）可在下一頁看見，樣本為加州理工學院七百〇五名主修科學的學生。

商管類學生的自我選擇區包含ES象限及兩種IST型，完全適得其所。ST型的主要興趣就是事實，用理性實際、實事求是的方式客觀分析事實。在所有象限中，ES象限最實際、最注重現實面，也最不重視思考面的抽象概念。

加州理工學院主修科學的學生樣本中，自我選擇區包含IN象限（其中SSR最高為三點八八，最低為一點九七）和兩種ENT型。NT類型會將注意力放在解決方法的機會和原則。IN象限則是最有才智的一群，他們比大多數人更能洞悉未知事物的發展。ES象限的學生對科學多有興趣，可自SSR值見得：〇點二二、〇點一八、〇點一一、〇點〇二。

圖16至圖18的人格分類表資料來源為史蒂芬斯（Stephens，一九七二年），樣本為佛

圖 14：商管學生（N = 488）

ISTJ N = 44 9.0% SSR = 1.12	**ISFJ** N = 19 3.9% SSR = 0.98	**INFJ** N = 1 0.2% SSR = 0.10	**INTJ** N = 13 2.7% SSR = 0.57
ISTP N = 35 7.2% SSR = 1.40	**ISFP** N = 7 1.4% SSR = 0.33	**INFP** N = 11 2.3% SSR = 0.54	**INTP** N = 15 3.1% SSR = 0.52
ESTP N = 63 12.9% SSR = 1.67	**ESFP** N = 34 7.0% SSR = 1.08	**ENFP** N = 30 6.1% SSR = 0.86	**ENTP** N = 35 7.2% SSR = 0.91
ESTJ N = 106 21.7% SSR = 1.39	**ESFJ** N = 43 8.8% SSR = 1.36	**ENFJ** N = 8 1.6% SSR = 0.46	**ENTJ** N = 24 4.9% SSR = 0.74

	N	%	N	%	
E	343	70.3	335	68.6	**T**
I	145	29.7	153	31.4	**F**
S	351	71.9	258	52.9	**J**
N	137	28.1	230	47.1	**P**

羅里達大學三組藝術類大四生。衡量自我選擇的基礎母體為同期同所大學的大一新生樣本。

圖16的樣本為主修美術的大四生，他們計畫將來要成為藝術家，要不受他人影響地創作。積極自我選擇的四種類型皆為IN型：用直覺創作，用內向來獨

圖 15：科學學生（N = 705）

ISTJ	ISFJ	INFJ	INTJ
N = 39 5.5% SSR = 0.68	N = 12 1.7% SSR = 0.43	N = 44 6.3% SSR = 2.95	N = 128 18.2% SSR = 3.88
ISTP N = 18 2.6% SSR = 0.50	**ISFP** N = 15 2.1% SSR = 0.49	**INFP** N = 58 8.2% SSR = 1.97	**INTP** N = 123 17.5% SSR = 2.92
ESTP N = 12 1.7% SSR = 0.22	**ESFP** N = 1 0.1% SSR = 0.02	**ENFP** N = 55 7.8% SSR = 1.09	**ENTP** N = 79 11.2% SSR = 1.42
ESTJ N = 13 1.8% SSR = 0.12	**ESFJ** N = 8 1.1% SSR = 0.18	**ENFJ** N = 27 3.8% SSR = 1.08	**ENTJ** N = 73 10.4% SSR = 1.56

	N	%	N	%	
E	268	38.0	485	68.8	**T**
I	437	62.0	220	31.2	**F**
S	118	16.7	344	48.8	**J**
N	587	83.3	361	51.2	**P**

立於外在世界。

圖17的大四生主修職能治療，未來將幫助病人恢復健康，方法包括協助培養興趣、重建自信、或純粹進行愉悅的手作活動。積極自我選擇的五種類型全都是外向型，而外顯行動對外向者而言十分重要。另外，在這五種類型之中，

圖 16：美術大四生（N = 33），資料來源：Stephens (1972)

ISTJ N = 0 0% SSR = 0.00	**ISFJ** N = 0 0% SSR = 0.00	**INFJ** N = 3 9.1% SSR = 2.02	**INTJ** N = 4 12.1% SSR = 2.96
ISTP N = 1 3.0% SSR = 0.95	**ISFP** N = 1 3.0% SSR = 0.57	**INFP** N = 10 30.4% SSR = 2.73	**INTP** N = 6 18.3% SSR = 3.60
ESTP N = 0 0% SSR = 0.00	**ESFP** N = 0 0% SSR = 0.00	**ENFP** N = 4 12.1% SSR = 0.86	**ENTP** N = 0 0% SSR = 0.00
ESTJ N = 0 0% SSR = 0.00	**ESFJ** N = 1 3.0% SSR = 0.36	**ENFJ** N = 1 3.0% SSR = 0.46	**ENTJ** N = 2 6.0% SSR = 1.40

	N	%	N	%	
E	8	24.2	13	39.4	**T**
I	25	75.8	20	60.6	**F**
S	3	9.1	11	33.3	**J**
N	30	90.9	22	66.7	**P**

有四種都是F型，F型很重視自己的行動要關乎他人，且有益他人。自我選擇傾向最強烈的類型是ESFJ，情感外顯，感知重視實際，因此幫助他人既是責任，也是快樂來源。

仔細觀察以美術教育大四生為樣本的圖18，就可以發現選擇美術教育的類型

圖 17：職能治療大四生（N = 29），資料來源：Stephens (1972)

ISTJ	ISFJ	INFJ	INTJ
N = 0 0% SSR = 0.00	N = 2 6.9% SSR = 1.03	N = 1 3.4% SSR = 0.77	N = 1 3.4% SSR = 0.84
ISTP N = 0 0% SSR = 0.00	**ISFP** N = 0 0% SSR = 0.00	**INFP** N = 2 6.9% SSR = 0.62	**INTP** N = 1 3.4% SSR = 0.68
ESTP N = 0 0% SSR = 0.00	**ESFP** N = 2 6.9% SSR = 1.20	**ENFP** N = 9 31.1% SSR = 2.21	**ENTP** N = 3 10.4% SSR = 2.11
ESTJ N = 0 0% SSR = 0.00	**ESFJ** N = 6 20.7% SSR = 2.48	**ENFJ** N = 2 6.9% SSR = 1.05	**ENTJ** N = 0 0% SSR = 0.00

	N	%	N	%	
E	22	75.9	5	17.2	**T**
I	7	24.1	24	82.8	**F**
S	10	34.5	12	41.4	**J**
N	19	65.5	17	58.6	**P**

非常多元，這也許是因為這個領域本身就很多元。在這份樣本中，有六種類型擁有積極的自我選擇，三種和美術學生相同，三種和職能治療學生相同；三種I型，三種E型；三種NF型，兩種NT型，還有一種是稍微有點距離感的SF型。也許這些類型會

圖 18：美術教育大四生（N = 31），資料來源：Stephens (1972)

ISTJ	ISFJ	INFJ	INTJ
N = 0 0% SSR = 0.00	N = 0 0% SSR = 0.00	N = 3 9.7% SSR = 2.15	N = 1 3.2% SSR = 0.79
ISTP N = 0 0% SSR = 0.00	**ISFP** N = 0 0% SSR = 0.00	**INFP** N = 8 25.8% SSR = 2.33	**INTP** N = 4 12.9% SSR = 2.55
ESTP N = 0 0% SSR = 0.00	**ESFP** N = 1 3.2% SSR = 0.56	**ENFP** N = 7 22.5% SSR = 1.61	**ENTP** N = 2 6.5% SSR = 1.32
ESTJ N = 0 0% SSR = 0.00	**ESFJ** N = 3 9.7% SSR = 1.16	**ENFJ** N = 2 6.5% SSR = 0.98	**ENTJ** N = 0 0% SSR = 0.00

	N	%	N	%	
E	15	48.4	7	22.6	**T**
I	16	51.6	24	77.4	**F**
S	4	12.9	9	29.0	**J**
N	27	87.1	22	71.0	**P**

依其性格而發展出不同的教學風格。

樣本為諮商學生的圖 19 顯示，自我選擇似乎都集中在 NF 型。每一種 NF 型的自我選擇比率都高於（含）一點八〇，而其他類型都不超過〇點六二。箇中原因很好理解：直覺加上情感，幾乎就等於諮

圖 19：諮商學生（N = 118）

ISTJ N = 4 3.4% SSR = 0.53	**ISFJ** N = 2 1.7% SSR = 0.25	**INFJ** N = 11 9.3% SSR = 2.07	**INTJ** N = 3 2.5% SSR = 0.62
ISTP N = 1 0.8% SSR = 0.27	**ISFP** N = 2 1.7% SSR = 0.32	**INFP** N = 28 23.8% SSR = 2.14	**INTP** N = 3 2.5% SSR = 0.50
ESTP N = 0 0% SSR = 0.00	**ESFP** N = 3 2.5% SSR = 0.44	**ENFP** N = 37 31.4% SSR = 2.23	**ENTP** N = 2 1.7% SSR = 0.35
ESTJ N = 2 1.7% SSR = 0.22	**ESFJ** N = 4 3.4% SSR = 0.41	**ENFJ** N = 14 11.9% SSR = 1.81	**ENTJ** N = 2 1.7% SSR = 0.39

	N	%	N	%	
E	64	54.2	17	14.4	**T**
I	54	45.8	101	85.6	**F**
S	18	15.2	42	35.6	**J**
N	100	84.8	76	64.4	**P**

商。直覺負責看見機會，情感負責關懷他人。因為直覺探索找尋的機會是為了他人，因此關懷他人讓直覺發揮作用時成就感加倍。

此樣本的受試者為佛羅里達大學主修諮商的學生。其SSR的基礎母數亦為佛羅里達大學的大一新生。

圖 20：羅德獎學金獲選生（N = 71 名男性）

ISTJ N = 0 0% SSR = 0.00	**ISFJ** N = 1 1.4% SSR = 0.35	**INFJ** N = 5 7.0% SSR = 3.33	**INTJ** N = 8 11.3% SSR = 2.41
ISTP N = 1 1.4% SSR = 0.27	**ISFP** N = 1 1.4% SSR = 0.32	**INFP** N = 15 21.1% SSR = 5.07	**INTP** N = 10 14.1% SSR = 2.36
ESTP N = 0 0% SSR = 0.00	**ESFP** N = 1 1.4% SSR = 0.22	**ENFP** N = 9 12.7% SSR = 1.78	**ENTP** N = 8 11.3% SSR = 1.43
ESTJ N = 0 0% SSR = 0.00	**ESFJ** N = 1 1.4% SSR = 0.22	**ENFJ** N = 6 8.5% SSR = 2.39	**ENTJ** N = 5 7.0% SSR = 1.06

	N	%	N	%	
E	30	42.3	32	45.1	**T**
I	41	57.7	39	54.9	**F**
S	5	7.0	26	36.6	**J**
N	66	93.0	45	63.4	**P**

圖20的樣本是羅德獎學金獲選生，他們都經歷了十分激烈的競爭。比起國家優秀獎學金決選學生，羅德獎學金獲選生直覺型的比例高出許多。他們大部分都是情感型，可能是因為依照獎學金創設人羅德的遺囑規定，對於羅德學人的徵選，注重的是仁

表 21：法學院學生（N = 2,248 人，其中 374 名中輟生），資料來源：
Miller (1965, 1967)

ISTJ	ISFJ	INFJ	INTJ
N = 236 –28 10.5% SSR = 1.43 DOR =0.71	N = 58 –13 2.6% SSR = 0.62 DOR = 1.34	N = 58 –8 2.6% SSR = 0.51 DOR = 0.82	N = 194 –22 8.6% SSR = 1.19 DOR = 0.68
ISTP N = 87 –18 3.9% SSR = 1.19 DOR = 1.23	**ISFP** N = 33 –7 1.5% SSR = 0.52 DOR = 1.25	**INFP** N = 120 –31 5.3% SSR = 0.67 DOR = 1.56	**INTP** N = 221 –42 9.8% SSR = 1.26 DOR = 1.15
ESTP N = 87 –12 3.9% SSR = 1.03 DOR = 0.82	**ESFP** N = 42 –6 1.9% SSR = 0.44 DOR = 0.84	**ENFP** N = 132 –32 5.9% SSR = 0.61 DOR = 1.45	**ENTP** N = 245 –46 10.9% SSR = 1.34 DOR = 1.13
ESTJ N = 295 –44 13.1% SSR = 1.41 DOR = 0.90	**ESFJ** N = 80 –14 3.5% SSR = 0.60 DOR = 1.04	**ENFJ** N = 75 –14 3.3% SSR = 0.57 DOR = 1.13	**ENTJ** N = 285 –37 12.7% SSR = 1.69 DOR = 0.78

	N	%	N	%	
E	1,241	55.2	1,650	73.4	**T**
I	1,007	44.8	598	26.6	**F**
S	918	40.8	1,281	57.0	**J**
N	1,330	59.2	967	43.0	**P**

圖 22：城市警察（N = 280）

ISTJ N = 39 13.9% SSR = 1.72	**ISFJ** N = 24 8.6% SSR = 2.16	**INFJ** N = 3 1.1% SSR = 0.51	**INTJ** N = 9 3.2% SSR = 0.69
ISTP N = 19 6.8% SSR = 1.32	**ISFP** N = 10 3.6% SSR = 0.82	**INFP** N = 6 2.1% SSR = 0.51	**INTP** N = 5 1.8% SSR = 0.30
ESTP N = 22 7.9% SSR = 1.02	**ESFP** N = 16 5.7% SSR = 0.89	**ENFP** N = 7 2.5% SSR = 0.35	**ENTP** N = 9 3.2% SSR = 0.41
ESTJ N = 72 25.7% SSR = 1.64	**ESFJ** N = 21 7.5% SSR = 1.16	**ENFJ** N = 6 2.1% SSR = 0.61	**ENTJ** N = 12 4.3% SSR = 0.64

	N	%	N	%	
E	165	58.9	187	66.8	**T**
I	115	41.1	93	33.2	**F**
S	223	79.6	186	66.4	**J**
N	57	20.4	94	32.6	**P**

慈與對他人充滿好奇心。

圖21資料來源為米勒（一九六七）接續研究的結果，樣本為七所法學院的學生，中輟生也包含在內。第一列的兩組數字代表學生以及中輟生，兩者中間用一個減號隔開。第二列此類型的出現頻率。第三列是SSR，

第四列是輟學率（dropout ratio, DOR），定義為該類型中輟生百分比除以整個樣本的中輟生百分比。

結果簡單明瞭。讀法律必備的是T，最好是TJ型。四種TJ型都有積極的自我選擇，輟學率也低於平均。三種TP型也都有積極的自我選擇，但輟學率高於平均值。沒有一個情感型的SSR大於〇點六七，而且所有情感型的輟學率都高於平均值。顯然意志堅強的人最適合法學院。

以城市警察為樣本的圖22與上述法學院的樣本形成有趣的比照，因為兩組都是和法律打交道。法條規定的是一個人可以做什麼、不能做什麼，而法學院學生處理的就是其中細微的差異。同時，法學院學生未來要面對無止盡的文字遊戲，對付同樣以文字為武器的對手。以上都是很好的原因，可以解釋為何有百分之五十九的法學院學生都是直覺型。

城市警察有百分之七十九為S型。警察處理一個接一個的具體情況，在這些情況中，文字並不如決策和行動來得重要。比起法學院學生，警察的J型人數更多，情感型也更多。巡邏時的同情心可能比法庭上的更多。

圖23的人格類型表展示馮．凡格（von Fange）對加拿大學校行政人員的研究（一九七一），結果非常特別。人格類型表陰影區全是最上排和最下排。樣本似乎對E

圖 23：學校行政人員（N = 124），資料來源：von Fange (1961)

ISTJ N = 14 11.3% SSR = 1.40	**ISFJ** N = 12 9.7% SSR = 2.44	**INFJ** N = 9 7.3% SSR = 3.44	**INTJ** N = 10 8.1% SSR = 1.72
ISTP N = 0 0% SSR = 0.0	**ISFP** N = 1 0.8% SSR = 0.18	**INFP** N = 3 2.4% SSR = 0.58	**INTP** N = 1 0.8% SSR = 0.14
ESTP N = 1 0.8% SSR = 0.10	**ESFP** N = 3 2.4% SSR = 0.38	**ENFP** N = 6 4.8% SSR = 0.68	**ENTP** N = 2 1.6% SSR = 0.20
ESTJ N = 27 21.8% SSR = 1.39	**ESFJ** N = 15 12.1% SSR = 1.87	**ENFJ** N = 7 5.6% SSR = 1.59	**ENTJ** N = 13 10.5% SSR = 1.58

	N	%	N	%	
E	74	59.7	68	54.8	**T**
I	50	40.3	56	45.2	**F**
S	73	58.9	107	86.3	**J**
N	51	41.1	17	13.7	**P**

和I、S和N、T和F沒有特別的偏好。但是要處理周遭大小事的他們，有百分之八十六是J型。也許，要能不斷做出或大或小的決策且不覺疲憊，對負責讓教育系統正常運作的工作者來說是必備能力。

第四章

EI偏好的影響

外向者的行為以外在情況為本。思考型外向者常會批評、分析、組織情況；情感型外向者則常表達支持、抗議或居中調節；實感型外向者會享受情勢、善用情勢，要不然就是親和忍耐現狀；直覺型外向者則會著手改變情況。不管是什麼型，外向者行為就是以外在情況為起點。

內向者的行為比較內斂，以內在想法與心理概念為本。這些都是從榮格所稱的原型（archetype）發展而來。人格類型理論認為，原型是所有人與生俱來，它們並非源於我們的經驗，不過個人經驗的確可能觸發原型。原型是人性經驗與希望的抽象本質，是普世現象，是思想的形狀，從多到不可勝數的生活樣貌之中把模式和意義帶出來。（外向者認為多重的生活樣貌十分有趣，但這對內向者而言是無可忍受的煩擾，除非能在之中找到將這一切控制住的意義。）

當內向者遇到的外在情況，與他們熟悉的想法或概念相呼應時，他們會帶著認可的態度迎接，彷彿是看到了自己熟悉已久的事，自己對這種情況很能理解。但如果外在情況沒能跟內向者熟悉的概念相呼應，內向者會認為這個外在情況很突兀、很無關、不重要，此時就非常有可能會用錯誤的方式處理。歷史先例有美國總統威爾遜（Woodrow Wilson），一戰過後他在議定凡爾賽和約的時候出現了盲點，把和平的希望都押注在成立「國際聯盟」（League of Nations）上——當時連美國都無法接受這個決定。他過於投入世界組織的理想，忽略了民主進程，甚至不願跟參議院溝通此事，所以最後他失敗了。

由於內向者的能量是由想法全力掌控，因此對內向者來說，有「對的想法」非常重要。內向者獨特的三思而後行（外向者常草率地稱之為猶豫不決），其實是有功用的：這個特性讓內向者有時間研究分析新情況，如此一來，他們採取的行動長遠來看才會合情合理。內向者會出現問題，是因為他們觀察外在情況時靠得不夠近，沒有透徹理解；外向者則常常沒有花足夠時間瞭解情況，因此不理解其中隱含的意義。

行為以外在情況為起點的這個優勢，在目前的西方文化中顯而易見且備受尊崇，而西方文化正是受到外向者觀點的掌控。這樣的原因很多：外向者比內向者還喜歡發表意見；外向者人數非常多，與內向者的比例似乎是三比一[6]；外向者好相處，他人也能輕易理解他們，而內向者則不是那麼好懂，即使內向者也無法輕易瞭解彼此，外向者更是完全無法參透。

因此，我們必須特別指明內向者有何優勢，不但是讓外向者知道，也讓內向者自己知道。調整到最佳狀態的人，就是樂於做自己的人。最有能力的內向者在外向性方面頗有天分，但他們從不會想成為外向者。內向者透過發展良好的輔助歷程，學習到如何有效應付外在世界，同時又不效忠外在世界。內向者效忠的，是自己的內在原則，並從中獲得安全又無可動搖的生活方向。

內向者的一個優勢就是他們天生的連貫性，不受短暫的外在情況所影響——他們常對外在發生的情況感到意外。外在條件與刺激不斷變化，但內在始終如一。內向兒童會完全忽略令人分心的外在刺激，遵循自己安靜的天性；若家裡的孩子是坐不住的外向孩子，家長常會對其他內向兒童的「專注力」驚嘆不已。

專注的天賦可能是內向者職涯的一大特點。外向者喜歡拓展工作領域，早早把作品公諸於世（且頻率也很高），喜歡讓很多人認識自己，廣交朋友，參加各種活動；內向者則恰恰相反。內向者深深投入自己的工作，不願意稱作品已完成，也不想公開。當作品公開時，內向者也喜歡只說結論，對於過程中的細節則不會著墨太多。如此客觀又簡短的溝通模式雖然縮減了觀眾和名氣，但也讓內向者免於遭受外界排山倒海的影響，可以專注在自己的事情上。據榮格所言，內向者的活動深度因而增加，成果帶來的價值也十分持久。

內向者這種與人保持距離的特色還有一個用處，就是沒有他人鼓勵，他們也不會動搖。內向者對自己做的事情有信心，就可以長時間樂在工作，無須他人肯定。而創發潮流的先驅通常必須如此。這樣的行為在外向者看來完全沒有道理。有個聰慧且極度外向的ENTP型年輕女性堅定表示：「可是，除非有人告訴我，否則我永遠都不會知道我的成果好不好！」

最後一點，雖然外向者肯定學識更淵博，也更知道如何想出權宜之計，但內向者對於非世俗的智慧則相對更具優勢。內向者更理解永恆的真理。當外向者與內向者在同一個家庭成長時，這樣的對比更加明顯。內向兒童往往能夠掌握抽象的道德原則，也更能接受，例如「你的和我的」概念。外向兒童通常對抽象原則沒什麼感覺，往往需要真實經歷過才能懂得。等到經歷血淋淋的教訓，終於知道他人的想法後，外向者才會有基本的行為概念。

EI偏好形成的不同特質，可以用圖24來表示。一般來說，這些差異會將人分為人格類型表的上下兩邊。

圖 24：EI 偏好影響對照表（圖表 24 至 31 的資料來源：凱薩琳・庫克・布里格斯之筆記）

外向型	內向型
先做再說。除非經歷過，否則無法理解生活。	三思而後行。除非先理解，否則無法生活。
態度自信放鬆。喜歡淺顯的事物，可以輕易投入新體驗。	態度保守存疑。喜歡深刻的事物，面對沒試過的新事物，會先停下來徵求意見。
心思朝外，興趣和注意力主要集中在轉瞬間出現的客觀事物，因此外向者的真實世界是充滿人與事物的外在世界。	心思朝內，往往不太注意客觀環境，興趣和注意力集中在內心活動，因此內向者的真實世界是思考與知識的內心世界。
影響力天才。行動與具體成就的代表，先做了才思考，然後繼續做。	文化素養天才。想法與抽象概念發想的代表，先思考才做，然後繼續思考。
用客觀條件處理必要事務。	用主觀價值觀處理必要事務。
投注大量心力於外在要求和條件上，這些對他們而言就是生活。	讓自己離外在要求與條件越遠越好，傾心於內在生活。
易於瞭解也好親近，往往樂於交際，在人與事物的世界裡比在內心想法世界還自在。	難以捉摸也不易參透，往往沉默害羞，在內心想法的世界比在人與事物的世界還要自在。
情緒豪爽而且較為緩和，日常生活中隨時表達心境與情緒。	情緒熱切而強烈，會掩飾情緒並將之視為危險爆裂物般嚴加管控。
典型的弱點是對於知識的理解比較表面或淺薄，在極端類型中非常明顯。	典型的弱點為不切實際，在極端類型中非常明顯。
外向型人格的健康和福祉，仰賴他們內向性的合理發展，以求平衡。	內向型人格的健康和福祉，仰賴他們外向性的合理發展，以求平衡。
典型人物包含心理學家佛洛伊德、生物學家達爾文、美國總統老羅斯福和小羅斯福。	典型人物包含榮格、愛因斯坦、美國總統林肯

第五章

SN偏好的影響

偏好實感而非直覺的人對現實事物最有興趣，偏好直覺而非實感的人則對可能性最有興趣。

這組偏好和EI偏好是完全獨立的。直覺型不一定要是內向者。他們的可能性可以是外在的，在人與事物的外在世界中追求；實感型也不一定要是外向者，他們在思考世界中一樣能實事求是。

實感性的定義就是透過五感去感知事物。只要透過感官直接傳遞，就屬於實感型的親身經歷，因而值得信賴。若是透過他人說話或文字間接傳達的，就不夠可信。文字只是符號，要轉化為現實才有意義，因此比經驗還不可信。

相較之下，直覺型對事物在感官留下的痕跡不是很感興趣，他們喜歡聽從潛意識形成的直覺，這樣的直覺對可能性有著誘人的想像。如先前所述，這些潛意識歷程帶來的影響各異，可能是最簡單的「男人直覺」或「女性第六感」，再到涵蓋所有領域的原創想法、計畫、事業、發明，以及至高無上的藝術創作、宗教啟發、科學研究發現等。

這種直覺表現有個共通點，就是這些表現都如同跳台滑雪，從已知、已建立的基礎向上飛躍，最後瞬間俯衝而下，到達更進階的終點，中間的步驟則完全無視。當然，中間的步驟並無遺漏，而是由潛意識運作，並將處理好的結果，以靈感和確信的態度在意識中乍現。對直覺型而言，這些靈感就是生活的氣息。只有能激發靈感的領域，才能引起直覺型的興趣。他們排斥規律，因為在規律中，靈感無用武之地。

因此，創新者、思想者或行動的先驅很有可能都是直覺型。美國殖民時代早期，新世界的種種可能性對實感型來說可能還好，但對直覺型可能極具吸引力，而這個現象也許大幅影響了「誰會移民過來」。如果前往北美洲殖民地的人都一面倒是直覺型，留下大量實感型的人在英國，那麼或許就可以解釋，許多我們今日普遍認同的國民特色——英國人可靠、保守、有耐心、鍾愛習俗傳統、慢條斯理享受下午茶和漫長週末，這些都是實感型的特徵；而實感型就是會接受世界既有的樣子，也喜歡世界這個樣子。所謂的「美式個人主義、美式創新、越大越好」的信仰，都是直覺型的特徵，對即將到來的一切充滿熱忱。不過，直覺型對美國人生活造成極大的影響，不等於他們就是多數。即使在美國，直覺型似乎也只佔了全部人口的四分之一或更少。

直覺型的比例在不同教育程度中差異很大。技職高中和普通高中普通班的直覺型比例特別低，高中升學班的直覺型比例至少是兩倍，大學生的直覺型更高，入學標準嚴苛的大學尤甚。國家優秀獎學金的樣本中，有百分之八十三的學生都是直覺型。（樣本比較請見第三章圖3至圖23）對直覺的偏好似乎有助於個人往更高的教育程度前進，雖說這樣的差異可能也出於興趣和能力。

學生是否會錄取某個學校，似乎完全是由招生委員會評估決定，包含成績與學業能力測驗分數。但實際上，在進入大學之前的十二年間，會不會上哪間大學，學生早已在潛意識中默默投下自己的一票。例如，學生盡心盡力用功讀書，最後發現自己對學業一點興趣也沒有，他可能就不會想再花四年光陰在大學讀書了。這樣的心境會反映在學生的成績上。平均而言，比起直覺型的孩子，實感型的孩子對讀書比較沒有興趣。（如何應對這樣的傾向，請見第十三章）

在智力測驗與學業能力測驗的表現上，實感型孩子平均成績也比直覺型孩子還差——這樣可能會使人草率得出「實感型孩子比較不『聰明』」的結論。但這個結論大錯特錯，因為這些測驗並沒有考慮到，在生活中運用智慧的重點技能有兩種，兩種都是合理的選擇。

實感型孩子的母語是由感官傳遞的現實；而直覺型孩子的母語則是由潛意識傳遞的

文字、比喻、符號。大多數心智測驗都是用直覺型的語言來表達，所以實感型的孩子在測驗時，必須把直覺型的文字或符號等「翻譯」成自己的實感型母語，而這樣的轉化需要時間。

為了方便，智力測驗通常都有時間限制，但速度在智力的基本概念中是否有其正當地位，這點仍有待商榷。直覺型會將智力定義為「理解的速度」，並先入為主，以對自己有利的方式看待智力測驗，因為直覺型理解的速度非常快。直覺型的技巧，是將問題以閃電般的速度傳給潛意識，潛意識迅速運作，瞬間產出答案。

實感型和潛意識的溝通並沒有那麼緊密。實感型不相信憑空冒出來的答案，覺得突然出現的答案不夠謹慎。他們會將智力定義為「理解的可靠程度」，也就是肯定結論與事實絕對一致。而這點如果不先考慮事實的話，怎麼可能做到？所以為了得到結論，實感型想先確認結論夠可靠，如工程師必須先檢驗橋樑，才能決定橋樑載重。他們讀書時不會隨便瀏覽，也不喜歡對話時有人略過細節。實感型相信推斷出來的事情沒有明確表述的事那麼可靠，所以如果事情還有想像空間，他們會很不高興。（而對直覺型來說，如果事情已經沒有想像空間，則他們會覺得無聊或不開心。）

因此，實感型的智力測驗考生會慢慢閱讀考題，仔細看很多次，回答的題目當然就會比直覺型考生還少。實感型自己也證實了這個說法。有一個 **ISFJ** 型的人在人資單位工作，而該單位進行了人格分類指標測驗。問到答題技巧時，她說：「喔，我每次都會把題目讀個三、四遍，我非這樣不可！」她這麼做並不是為了讀懂題目，而是為了確定自己理解題目，所以她答題速度緩慢，而這便成了弱點。有些有能力的實感型會選擇在測驗時摒棄深思熟慮的天性，但這並不符合他們心中的常理。一位 **ISTJ** 型的心理學家回憶，一直以來，他的測驗分數都低到不像話。直到研究生入學考試，已經受夠爛成績的他決定要「像白癡一樣狂飆題目」，反正也不可能再差了，結果他拿到生命中首次高分。

這兩種感知的重點技能，從學校生活一開始就發揮了巨大的影響力。對符號沒有天分的實感型孩子從幼稚園畢業時，不太可能會猜到字母除了表面的意思（紙上的形狀）之外，還會有其他意義。如果沒有人跟他們解釋這些字母是什麼意思，他們就會一直覺得這些只是紙上的形狀，而直覺型孩子早已從字母中看到聲音、文字、意義。所以實感型孩子開始閱讀後，除非讀到有興趣的事實，否則他們無法從中獲得喜悅。

實感型的孩子在算術領域也時常遭到出賣。在入學之前，他們必須先建立完整的數字觀念，才會知道「三」是數字的一種特性，使用一個符號「3」來代表。不然的話，他們只會在學校裡學到「3」是黑板上彎彎曲曲的符號。當然，實感型的孩子很會利用五感去感知，所以他們有能力把這些彎彎曲曲的線條全部記住。假如現在要學加法，他們學到的是，若把一個叫「2」的彎曲線條放在另一個叫「3」的形狀下面的話，一定要記得把另一個更複雜的形狀「5」放在最下面。實感型孩子通常記憶力都很好，所以他們都記得住。只要運用教學字卡，加上頻繁練習，實感型孩子就可以死背住這些彎曲線條的「加法事實」和「減法事實」，但在他們的天性中，並不會覺得這些彎彎曲曲線條有任何意義。對許多實感型的孩子而言，二加三和三加二完全是兩碼子事，需要分開學。

實感型的孩子在執行簡單運算規則時可以做得很準確，因為他們比直覺型還要細心，但如果是代數或用文字描述的問題，許多實感型的孩子不太能看出要算什麼。一個十二歲的女孩面對百分比的問題時說：「你看！三種方法我都用上了，但我不知道哪一種才是對的！」直覺型的孩子能夠理解符號，因此大多理解數字代表的含義，可以馬上開始解決問題，不會碰到太多困難。這樣的對比可能會讓實感型的孩子覺得自己很笨，怎麼試都沒有用。

當然，實感型一點都不笨，但應該要有人在實感型孩子六歲之前就教導他們數字的意義。如果實感型孩子一開始就用他們能懂的方式學習數字的意義，他們就知道自己在做什麼，也就會喜歡上「二加二很可靠，因為可以產生四」的事實，甚至會想終生與數字為伍。實感型行事可靠精準，喜愛精確，所以他們可以成為出色的會計師、薪資管理人員、領航員、統計學家。

實感型孩子要能發揮自己追求實在的天賦，就必須給他們事實和吸收事實的時間。直覺型孩子喜歡用洞察理解來學習，而實感型孩子則喜歡藉由熟悉事物來學習。實感型能大放異彩的課程，通常都是有很多事實的課程，如歷史、地理、公民、生物；至於以一套通則建構的學科，他們則相對較不擅長。但問題往往只是因為老師講述原則時過於簡短抽象，思考的速度也太快，導致實感型學生來不及將原則與事實連結。例如物理對追求事實的實感型來說，可能就是一場夢魘。

有個好例子也許可以說明其中的矛盾之處。有名學生成績是B，十分用功努力，未來想成為醫生。他的人格類型是ISFJ，也非常適合。但他有一門考醫學院必修的課程被當了，因為他沒有辦法和其他工程課程的同學一樣，跟上物理課的進度。現在他終於成為一名醫生，而他的病人並不在乎他診斷的速度，只要診斷可靠就行。在學期間曾讓物理難以學習的實感，此刻在職場上派上了用場，他現在面對的是瞬間的現實，是身為醫生要記錄和衡量的無數細節，如心跳、呼吸聲、臉色紅潤或蒼白。聽覺、視覺、觸覺則在最後關頭引領他，讓他決定是否要以經驗下診斷，或要參考書籍。藥學研究、醫學院教職員、複雜的專科適合直覺型，但家醫就是實感型大顯身手的領域，而物理程度跟他們的醫療能力並沒有太大關係。美國約翰霍普金斯大學很久以前就意識到這樣的落差，因此為準備考醫學院的學生開設了特別的物理課程，因為一般的物理課不斷刷掉優秀的醫學生。

若教育工作者將 SN 偏好納入考量，從幼稚園開始試著滿足學生不同的需求，那麼人力資源的運用就會更有效率，所有人都會更開心。年輕的實感型不再因為仰賴直接觀察和第一手經驗而遭到處罰，達爾文年幼時就是如此，學校老師曾認為他的心智能力比平均值還低。

SN 偏好形成的特質整理對比，如圖25的對照所示。這些特質在 EP 型身上最為明顯，因為 EP 型感知歷程外顯，也屬於主導歷程，因此最容易觀察，個體也最不會限制自己展現這些特質。如果感知歷程是輔助歷程，那麼感知就附屬於判斷的主導歷程，其表現方式就會比較不那麼明顯。

圖 25：SN 偏好影響對照表

實感型	直覺型
用觀察來生活，渴望享受。	用期待來生活，渴望靈感。
每一分感覺印象都會為意識所接收，對外在環境非常敏銳；觀察力佳，因而犧牲了想像力。	只有在感覺印象與當下靈感有關時，意識才會接收；充滿想像力，因而犧牲了觀察力。
天生就喜歡追求愉悅，也喜歡體驗愉悅，熱愛現有生活，懂得享受；通常都很知足。	天生的發起人、發明家、推動者，對現有生活沒有興趣，不想過著現在的生活，不想安於並樂於現狀，通常不安於室。
渴望擁有和享受，觀察力強，模仿力佳，想擁有他人有的、做他人做的，十分依賴周遭環境。	渴望機會和可能性，想像力強，充滿點子和原創想法，不太在意他人擁有什麼或在做什麼，不太依賴周遭環境。
對於需要壓抑感官的職業非常排斥，也不願意犧牲當下享受，去換得未來的利益或好處。	對於需要持續關注感官經驗的職業非常排斥，願意犧牲大部分現在擁有的，因為既不活在現在，也不特別享受。
喜歡活在當下的美好，沒那麼在意事業與成就帶來的滿足。	喜歡事業與成就帶來的喜悅，不太關注活在當下的美好。
透過以下方式，對社會大眾的福利產生貢獻：支持一切型態的享樂、休閒、舒適、美。	透過以下方式，對社會大眾的福利產生貢獻：創新、創意、創業、在人類各領域中足以啟發他人的領導能力。
若沒有適當發展判斷歷程而達成平衡，會有流於瑣碎的危機。	若沒有適當發展判斷歷程而達成平衡，會有缺乏耐力、善變的危機。

第六章

TF 偏好的影響

思考和情感都是用來做決策的重要工具，兩種都合情合理且穩定，但運作方式各有不同標準。瑞士心理學家約蘭德．雅各比（Jalande Jacobi）認為，思考型是用「對或錯」的觀點來衡量事情，而情感型則是用「接受或不接受」來衡量。這聽起來其實很像思考型的方法，可是情感型在衡量過程中涵蓋的豐富個人價值，「接受」一詞實在不足以形容。

有一個我們要意識到的重點，就是每一種判斷都有合適的使用時機。該思考時使用情感，就跟該使用情感時選擇思考一樣，都是個大錯誤。

思考的本質是客觀。思考的目標是達到客觀事實，與思考者或他人的個性和期待無關。一位十七歲的內向思考型在揣測宇宙由來的「創造論」之方法和目的時，說出的總結是：「我不在乎真相是什麼，我只想要一切合乎邏輯。」只要眼前的問題無涉個人，如造橋或解釋法條，那麼提出的解決方法就可以、也應該用「對或錯」的觀點來看待，思考在此時就是較佳的選擇。

但若主題不是事物或想法，而是人，而且也需要這些人自願合作的時候，客觀的方法就比較不會成功。每個人（連思考型也是）都不喜歡「沒被當作人」，不喜歡被降級為「物品」。人類行為動機就是與個人有關。因此，在個人價值很重要、需要發揮同情心處理時，情感就是一個比較好用的選擇。

對思考型而言，用情感來衡量事情聽起來輕浮不可靠又難以控制，但思考型對情感並不瞭解，所以不足以判斷。他們用自己的感覺來評斷所有感覺，但他們的情感相對而言發展程度沒那麼好，也沒那麼可靠。發展健全的情感會是非常穩定的工具，可以用來思辨個人價值，可以選擇重要的價值當成人生的指引，也可以讓沒那麼重要的價值服從重要的價值。當情感外顯並傳遞給他人時，他人的價值不僅受到認可，情感也傳達出了自己的價值。

因此，在教育、演戲等表演藝術、演講、銷售（勸服）、神職人員與會眾間、家庭生活、社交關係、任何類型的諮詢工作之中，情感就是人與人之間的橋樑。

TF偏好是唯一一種出現明顯性別差異的偏好。女性的情感型比例比男性多很多。這兩種類型出現頻率的性別差異，形成了許多概括的性別印象。一般普遍預設女性邏輯較弱、心腸較軟、更圓融、更會社交、比較不擅於分析、比較容易將事情與人連結，這些都是情感型的特質。情感型（無論何種性別）比較容易會有這些特質，思考型（無論何種性別）則不太會。這些概括印象通常會忽略思考型女性與情感型男性，部份是因為這些不符合刻板印象的類型通常已經學會利用保護色。

思考型充滿邏輯的生活方式，優勢不言而喻，在此無須多做討論（有關思考型的一些細節可見第九章）。然而，我們絕不該假設在所有重要的心智活動中，都是由思考型的人所主導——事實上，就算在「思考」這件事上，也不是由思考型的人所主導。正如思考型偶爾會得益於情感的輔助發展（而這個發展並不影響思考的判斷），情感型有時也會運用思考來找出合理的理由，讓他們早就用情感得出的結論，可以獲得思考型認同。以情感為動力並憑直覺產出的珍愛作品在問世之前，情感型可能會用思考來檢查作品潛在的缺陷或謬誤。

傳統上用來衡量心智能力的方法中（例如智力測驗、獎學金申請等），得分最高的得主有一部份屬於 INFP 型或 INFJ 型，他們都將思考列為最低或第二低的等級。比起直覺偏好，思考偏好對智力的影響似乎少得多，即使是在大家預期思考應有最大影響力的科學領域（如科學研究）亦是如此。

所以思考型的特點並不是擁有特別強的心智能力，而是擁有不同的心智能力運作方式。思考型在處理客觀事物時最能發揮能力，最擅長處理不帶個人觀點的事情，例如需要摒除一切個人考量的法官和外科醫生。一位著名的外科醫生個性不近人情，因此除非太太把孩子帶到辦公室，否則他完全不會想到孩子。

最後，思考型人格者的思考並非永遠是品質精良。他們思考的「結果」，在品質上跟他們正在思考的「事實」並沒有多大差異（因為這些事實，也只是透過品質不明的感知力而取得的）；思考的結果也沒有比他們的思考邏輯好到哪裡去。情感型知道自己重視什麼想法、什麼人或什麼行為，而思考者只會駁斥讓他們無感的價值。思考型的判斷是會出錯的！思考型常常互相矛盾，每一個人都喊著「這才是事實」，而情感型只消說「這對我來說很重要」即可。

圖26整理並區分出人格類型表外側兩欄與中間兩欄的對照。這些特質在EJ型身上最為明顯，因為EJ型的判斷歷程外顯，也屬於主導歷程，因此最容易觀察，也最為明顯。如果判斷歷程是輔助歷程，那麼判斷就附屬於感知的主導歷程，其表現方式就會比較不那麼明顯。

圖 26：TF 偏好影響對照表

思考型	情感型
重視邏輯多過情感。	重視情感多過邏輯。
行事客觀，對事物比對人際關係更有興趣。	行事會考慮到人的因素，對人比對事物更有興趣。
如果真要在誠實與圓融間抉擇，通常會選擇誠實。	如果真要在誠實與圓融間抉擇，通常會選擇圓融。
擅長執行，而非社交。	擅長社交，而非執行。
傾向因他人不符自己的原則而質疑對方，相信對方可能錯了。	傾向同意周遭對象的說法，用他人的思維思考，相信他們可能是對的。
天性用字精簡、有效率，往往顯得不太友善或不太會社交，但他們渾然不覺或並非故意。	天性友善，無論是否善於社交，都難以用字精簡、有效率。
往往能把事實和想法整理得邏輯有序，因而可以敘明主題、直搗重點、得出結論、停在該停的地方、毫無冗贅。	往往不太知道怎麼開頭，也不知道要用什麼順序表達想說的話，因此可能隨意閒扯、重複所言，細節多到思考型認為毫無必要也無意理解。
會壓抑、貶低、忽略與思考不相容的情感。	會壓抑、貶低、忽略與情感相斥的思考。
促進社會福祉的方式包括帶著充足的知識去批判社會習慣、習俗、信念；揭發錯誤、提出解決方法、支持能啟迪人類知識與理解的科學與研究。	促進社會福祉的方式包括忠心促成好事與相關活動，這些活動通常會受到自己認同而全力貢獻的社群認可。
男性多於女性。與情感型結婚後，會自然而然守護伴侶受到忽略且不太可靠的思考。	女性多於男性。與思考型結婚後，往往會守護伴侶受到忽略與侵擾的情感。

第七章

JP偏好的影響

判斷型的人相信生活應該要先規劃、先決定好，而感知型則認為生活是用來體驗與理解的。因此，判斷型喜歡安排事情，至少把事情整理妥當；感知型則傾向對計畫和想法毫不設限，才不會錯失任何珍貴的體驗或體悟。兩種類型相去甚遠的生活型態顯而易見。

判斷型愛下結論，用的字眼總隱含決定性意味。判斷型真的很喜歡處理事情，即使沒有急迫性的事也是一樣。判斷型喜歡處理的往往不只是自己的事，還有別人的事。只要稍微刺激一下，他們就會開始告訴別人該怎麼想。剛認識一個人十分鐘就跟對方說「你應該要做的是……」的人顯然就是判斷型。

特質比較不明顯的判斷型會思考他人該做的事，但會壓抑說出口的衝動；而感知型則壓根不會想這件事。感知型比較想知道對方正在做什麼事。這方面有兩個永垂不朽的案例，一個是英國作家吉卜林（Rudyard Kipling）代表作《叢林奇譚》裡面貓鼬利奇這個角色，牠的座右銘是「出發尋找答案吧」；另一個是吉卜林作品《大象的孩子》裡面好奇心無限的大象孩子，因為一直問「為什麼？」而到處被打屁股。

感知型無窮無盡的「是什麼？」和「為什麼？」沒有終點。除非必要，否則感知型不會做出結論，有時即使事出必要也不一定會下結論。在認知到有多少要素牽涉其中、還有多少事情尚未揭曉後，感知型的人看見判斷型的人急於做出決定，會感到震驚不已。只有判斷型的人才會覺得這句話合理：「一個爛決定，好過沒有決定」。感知型希望在解決問題前，先有更多瞭解，而且直覺感知型的人會「把問題看透徹」，實感感知型的人則會「用各種角度看問題」——而他們往往都能做到。在這樣的情況下，他們壓根不會想到要判斷。解決方法一直都潛藏在他們想處理的狀況中，要到最後才會「看到」該做什麼。

當然，感知型還是需要判斷。他們的感知能力必須受到發展充足的判斷歷程支持，否則感知型的人會像帆船一樣，被風吹著一直跑。**感知型的人需要判斷（思考或情感皆可）來持續確認目標、設下衡量標準，並用這個標準來管理自身行為。**[7]

另一個極端是感知發展不足的判斷型，他們心中沒有「給予」或「合作」的概念。判斷型的人如果缺乏發展完備的感知歷程，會讓他們變成心眼狹小又固執的人，除了自己的意見，他人說的都容不下。一直在下判斷的個性可以用「偏見」這個熟悉的字眼來形容，意即不受感知影響就先下決斷。

此外，如果思考型或情感型的人缺乏感知，他們只好依賴「內容空洞的判斷」，接受目前環境既有的方式：思考型會仰賴公式和大家接受的原則，而情感型則會採取同意或不同意的態度。但他們只是呆板地運作，並沒有真實理解當下的特定情況。**判斷型需要感知（實感或直覺皆可）來提供理解力、開放的心胸、對生活的第一手理解，才能使其免於陷入盲目的境界。**

因此，發展良好的個體一定都會有感知來輔助他們的判斷，也會有判斷來輔助感知，不過他們仍會保有基本偏好與該偏好賦予的特質。

判斷型的天賦包含：

■行事條理分明：判斷型會決定好做事的最佳方法，接著持之以恆。這對判斷型來說再自然不過。TJ（思考的判斷型）會試著找出最符合邏輯的方法，而 FJ（情感的判斷型）則會找最討喜、適切且恰當的方法。

■物品井然有序：判斷型相信整潔是宇宙最高原則，對整潔的信念是出於實用的理由。TJ 型可能會把所有東西都放在辦公室的抽屜裡，用收納盒整齊分類，但不太會在意桌面；注重美感的 FJ 型則一定會讓抽屜和桌面都保持整潔。

■生活規劃完善：將秩序應用在生活上，就會出現計畫和時程表。判斷型會先決定好想要完成的目標，接著制訂仔細、有時非常長遠的計畫。FJ 型通常也是行程滿滿，因為社交活動太多。

■努力不懈：判斷型只要下定決心，就會持續不輟，這樣的意志力終將帶來驚人成就。龜兔賽跑的烏龜一定是判斷型，而喜歡彈性行事的兔子可能是個缺乏適當判斷能力的外向直覺型。

■果敢堅決：並不是所有判斷型都喜歡做決定，有些只是不喜歡事情懸而未決罷了，而這些人通常都比較有可能是情感型，而非思考型。

■喜愛執掌大權：判斷型喜歡他人遵從自己的準則，也很樂意給予他人建議。TJ 型通常執行力和組織力都較強，但在規則已確定的情況下，FJ 型則善於用溫和的方式施行規則。在馮方格（一九六一）一百二十四位學校行政人員的樣本中，百分之八十六都是判斷型。

■見解底定：對於覺得值得思考的事，判斷型通常都已有自己的見解。

■接受例行公事：這點放在最後，因為只要發展出一點明顯的直覺，這點就會隨之抵消。不過，在所有類型中，實感判斷型對例行公事的態度似乎最為豁達。

感知型的天賦如下：

■隨遇而安：即使有一些預期的事沒有完成，也能全心迎接當下的體驗或體悟。感知型相信，觀察孩子發現的鳥巢、花時間幫助他人探索問題的答案、全心全意傾聽他人的秘密，都可能比準時吃飯還重要。

■心態開放：感知型接受度高，願意接納新的事實、想法、提議，即使這樣可能必須重新做出決定或重新擬定意見，也沒有關係。感知型會將決定和想法都保持在相當開放的狀態，期待新的資訊來臨。

■善解人意：感知型會將感知能力用在他人身上，是為了瞭解對方觀點，而非直接針對他人行為下判斷。比起聽到孩子發言就立刻有意見（且通常都是批評）的家長，一直採取感知態度的家長會更受孩子信賴。相比之下，感知型家長很少出現權威式的宣告，這讓他們備受尊敬，因為這類家長會用心傾聽，瞭解情況。

「感知態度」和嚴格的教養規則是完全可以並行的。要有管教才能施行基本原則，如果孩子誠心遵守這些規則，就可以為社會所接受。他們的行為有權不受品頭論足，如同成人一樣。

■容忍度高：「互相寬容」的態度，部分來自不想管他人的閒事，部分則是因為感知型認為合理標準有很多種。只有在「極端的過度容忍」情況下——在重要的事項上應該有標準，卻容許它沒有標準，此時容忍才可能變得危險。

■好奇心強：感知型最為活躍的一種天賦，就是期待「自己未知的事物一定會很有趣」。好奇心引領感知型的人進入較為冷門的知識和體驗，藉此累積出驚人的智識能量。好奇心同時也可以擊退無聊，因為好奇心可以讓感知型的人無論在什麼情況下，都可以找到有趣的事情。

■熱愛體驗：另一個感知型會有的期待，是認為還沒做過的事情會非常有趣。感知型或許會因為自己的偏好、原則、想嘗試更吸引人的事等原因，而拒絕體驗新的活動，但他們很少會像判斷型那樣，覺得「這不值得我做」而拒絕參與。

■適應性強：遇到困境時，感知型會調整現有的方法，來達成必要目的。一名極度感知型的女性十分珍視判斷型丈夫給的讚賞。丈夫會稱讚她，是因為原有的安排全遭意外事件打亂，而她能快速重整混亂情勢。她不受原有計畫的束縛，因此可以即刻想出新計畫來因應變化，而且還樂在其中。

當我們想想上述列舉的這些特質時，可能會覺得，要衡量出自己的 **JP** 偏好好像有點難，因為覺得應該做什麼、實際上做了什麼、和自然會去做的事，三者之間不一定都一致。會展現出基本偏好的其實是自然會去做的事。覺得做什麼事才是對的，可能是後天習得的理想，自其他類型借來的；而實際的行為可能是出於自己其實沒有很喜歡的好習慣，這可能是從家長身上學到的，也可能是自己堅持不懈努力之下保持的。

請記住，**JP 偏好是個體習慣用來面對外在世界的態度**，這點很重要，尤其是內向者。與他人互動（以及負責人格分類指標的 JP 指數）的是外向歷程，外在行為通常就依賴這個外向歷程。外向者的主導歷程通常會跟 JP 偏好一致，但內向者的主導歷程則不然。

因此，內向者面對外在事物時偏好採用判斷的態度，這點可能看得出來，甚至顯而易見，但絕對不僅止於此。用於外在世界的判斷歷程事實上隸屬內向的主導歷程（即感知），必須在個體最喜歡的感知歷程要求下運作。假設思考為外向歷程，則思考會利用邏輯和決斷來處理事情，但邏輯不得妨礙內在的感知運作。

同理，擁有感知偏好的內向者，其感知歷程通常也很明顯，但其感知歷程其實隸屬於內向的判斷歷程（思考或情感），必須為判斷歷程決定的最終價值與原則服務。一位屬於極度內向感知型的高中生獲選為班上最果斷的學生，她覺得十分驚訝。這場投票發生前不久，出現了一些待討論的議題，而這些議題與她認為很重要的情感價值相符。她內在確信的心意推翻了她平常使用的外在感知態度，因此她對所有議題都堅決捍衛自己的立場。

JP 偏好形成的差異如圖27所示。一般來說，這些特質能夠區分人格類型表第三行和第四行的外向者，也能區分第一行和第二行的內向者。不過因為內向者的主導歷程有其特殊角色，因此會出現一些例外情況。

圖 27：JP 偏好影響對照表

Judging Type 判斷型 8	Perceptive Type 感知型 9
果斷較多，好奇較少。	好奇較多，果斷較少。
堅持依照計畫、標準、習俗來生活，不輕易變更；外在環境只能盡量順應他們的計畫。	依照當下情境生活，偶發與意外事件也能輕鬆以對。
能在生活各種可能性中選出確切的目標，但可能無法欣賞或運用不在計畫中、意料之外、偶發的事情。	通常擅於處理不在計畫中、意料之外、偶發的事情，但可能無法在生活各種可能性當中下定決心。
理性，依賴自身或借用他人的推理判斷能力，來避開非必要也不想要的經歷。	重視體驗，依賴自己對任何事情隨時就緒的心態，來迎接持續不斷、多到來不及吸收和運用的新體驗。
喜歡事情都盡快處理和決定好，才能知道會發生什麼事，進而事先規劃準備。	喜歡在做出無可反悔的結論前，盡量延後決定的時間，因為對事情的瞭解還不夠多。
認為或覺得自己幾乎都知道他人應該做什麼，也很喜歡告訴對方該做什麼。	知道他人在做什麼，也好奇做出來的成果。
當事情已經完成、再也不必掛心的時候，會感到真實的喜悅。	接觸新事物時會感到非常快樂，直到新鮮感消逝。
可能覺得感知型漫無目的、隨風漂流。	可能覺得判斷型沒有好好生活。
目標是成為對的那一個。	目標是不錯過任何體驗。
自制、有目標、嚴格	充滿彈性、適應力強、忍耐度高

第八章

內外向的四種歷程比較

在前幾章當中，已經討論過了內向與外向、實感與直覺、思考與情感、判斷與感知，這四種偏好的影響。這四種偏好結合起來便形成人格類型，但每一種偏好形成的特質要結合成為一個人的人格，並不是把個性純粹相加就好了，而是各個偏好互動之下的結果。

只要把內向者的思考、情感、實感、直覺歷程，與外向者的思考、情感、實感、直覺歷程加以比較，就能明顯看出偏好的歷程互動之下會產生什麼影響。本章的四個圖表當中，用逐句對照的方式，分別說明思考、情感、實感、直覺這四種歷程的外向形式與內向形式。圖表當中的對照，是由凱薩琳・庫克・布里格斯一開始研究《心理類型》時所整理出來的，包含外向性與內向性對歷程運用或壓抑的資訊種類會有什麼影響、上述四種歷程的優缺點與目標、每一種歷程表達自我的方式等等。

圖 28：內、外向思考型比較

Extraverted Thinking 外向思考型	Introverted Thinking 內向思考型
訊息來源為客觀資料，即事實與他人的想法。	訊息來源為主觀與潛意識，即原型。
仰賴經驗中的事實，認為抽象想法不切實際且無足輕重。	仰賴抽象想法，視之為決定性要素；而事實則是用以說明想法的證據。
為求身心穩定與價值感，外向思考型仰賴思考者身外的事實，這些事實比思考本身更具決定性。	為求身心穩定與價值感，內向思考型仰賴思考者觀察與洞悉的能力，以及內在的資源，即繼承而來的經驗。
目標為：解決實際問題、發現事實並將其分門別類、批評並修正廣為接受的想法、研擬計畫、建立規則。	目標為：擬定問題、創建理論、開拓可能性、產出洞見，最後則思考外部事實何以融入自己創立的想法或理論中。
容易沉溺於具體事件的細節，包含不相關的內容。	喜歡關注具體事件的相似性，對於不相關的內容並不在意。
容易將不同事實相互疊加，直到意義模糊，思考麻痺。	容易忽略事實，或強行讓事實符合自己的想法，只選擇支持自己想法的事實。
由一連串具體表徵組成，啟動這些表徵的並非內在的思想活動，而是不斷變化的感覺感知流。	由內在思想活動組成，與感覺印象的流動沒有什麼關連。就算有，聯繫也不強，因為被十分活躍的內在流動掩蓋了。

圖 29：內、外向情感型比較

Extraverted Feeling 外向情感型	Introverted Feeling 內向情感型
由客觀因素主導，目的是讓個體在任何情況下都能有對的感受，也就是符合常規的感受。	由主觀因素主導，扮演引領的角色，決定生活各方面在情感上要接受或拒絕。
讓個體適應客觀情況。	讓客觀情況適應個體，方法很簡單：將不能接受的拒之門外或直接忽略。
完全仰賴當下環境的理想、常規、習俗，廣泛而不深入。	仰賴抽象感受，如愛、愛國主義、宗教、忠誠等理想，情感熱切，深入而不廣泛。
身心穩定與價值感，是從身外尋得，亦即所屬社群集體的理想，而這些理想都會被接受，毫不懷疑。	身心穩定與價值感，是從內心尋得，亦即個人內心財富與欣賞和深思的能力。
目標為與他人建立並持續輕鬆和諧的情感關係。	目標為強化並維護強烈的內在情感生活，同時盡可能於外在世界實現內在理想。
表達自己輕而易舉，因此能與他人分享自己的想法，激發同感並產生溫暖的同理心與相互理解。	可能因氣場太強無法好好表達，形成冷酷甚至冷漠的形象，因而容易徹底遭到誤解。
容易將自己的觀點全數壓抑，可能表現得很像情感型人格：給人不夠真誠和裝腔作勢的印象。	表達時容易無法滿足客觀要求，無法達到客觀目標，或缺乏適當宣洩，因此可能會生活在情緒、幻覺與自憐中。

圖 30：內、外向實感型比較

Extraverted Sensing 外向實感型	Introverted Sensing 內向實感型
盡可能壓抑感覺印象中的主觀因素。	盡可能壓抑感覺印象中的客觀因素。
重視實感接觸到的物體，而非自己不太會察覺到的主觀印象。	重視物體產生的主觀印象，而非自己不太會察覺到的物體本身。
看事物的方式如同攝影，除了具體現實的印象外，就沒別的了。「春天的第一枝玫瑰」就僅僅是花朵而已。	看事物的方式會受主觀因素影響而大大改變，物品呈現的印象只是參考，主要印象是以某種意義或重要性的方式自潛意識浮現。
注重實際享受，全心把握事物當下顯而易見的存在，僅止於此。	注重受原型觸發的想法，喜歡掌握現實世界的背景，而非表面。
注意力會受到最強烈的刺激吸引，且該刺激總是會成為主要興趣，因此整個生活似乎都會受偶發外在事件影響。	能引起注意力的不多，全由內在多種相關的興趣來決定，因此無法預測什麼樣的外在刺激會引起好奇並使之持續關注。
形成熱愛愉悅的外在自我，有很多還未充分理解的經驗，和從尚未釐清的事實中所吸收的未分類知識。	擁有與眾不同的內在自我，可以看見他人沒察覺的，看起來可能不太理性。
一定要由內向判斷型來平衡，否則會成為只求體驗的膚淺人格，十分迷信，且除了社會傳統與禁忌之外，便毫無道德觀念。	一定要由外向判斷型來平衡，否則會成為難以接近的沉默人格，完全無法與他人溝通，除了天氣或一般興趣的陳腔濫調之外，便無法與他人對話。

圖 31：內、外向直覺型比較

Extraverted Intuition 外向直覺型	Introverted Intuition 內向直覺型
為了客觀情境而使用自己的內在理解。	為了自己的內在理解，而使用客觀情境。
厭惡眼前的現狀，像是監獄似的能逃離就逃離，方法為大幅改變客觀情境。	厭惡眼前的現狀，像是監獄似的能逃離就逃離，但方法為大幅改變對客觀情境的理解。
全由外在事物引導，尋求各種新興的可能性，找到的時候，其他的都可以放棄。	會受到外在事物推動，但永遠不會受到外在的可能性影響，寧願專注在尋求看待與理解生活的新角度。
可能擅長藝術、科學、工程、發明、工業、商業、社會、政治、冒險。	無論在什麼領域都可以發揮創造力，包括藝術、文學、科學、發明、哲學、宗教。
覺得表達自我既自然又容易。	覺得表達自我很困難。
新事業啟動或躍升時，是覺得自己最有價值的時候。	詮釋出生活的意義，或者對於生活有了更深入的理解時，是覺得自己最有價值的時候。
需要發展判斷力來加以平衡，不只是為了批評與衡量來自直覺的一股腦熱忱，也是為了約束自己，以完成各式各樣的事情。	需要發展判斷力來加以平衡，不只是為了批評與衡量來自直覺的理解，也是為了幫助自己將遠見傳予他人，帶領他人在世界上發揮實際用途。

第九章

十六型的描述

由各種偏好組合產生的十六種人格類型當中，每一種都是根據「主導歷程」來產生的，分為外向或內向，並根據其「輔助歷程」而有所不同（這些差異在內向型的人當中特別明顯，因為內向型的輔助歷程主要負責外在行為）。若以因果關係來思考每種類型的說明，則每種類型的特徵就更容易記住與注意。

本章所做的這些描述，無法涵蓋每個偏好所產生的所有特質，而這些特質在第四到第八章已略有討論。每一位內向的人應該都具有一般性的內向特徵。若每次都重複提到這些一般性的特質，只會掩蓋特定內向者的特殊特徵。

批評榮格理論的人經常攻擊說，內向者的種類太多，內向性根本不是單一特質。內向性不是一種特質，而是一種基本的性格或取向。八種內向者都具有不同面向的取向，這就是納入其他偏好的必然結果。

本章接下來的每段描述都包含兩種人格類型，它們只在輔助歷程的選擇上有所不同。第一段描述討論的是兩種外向思考（extraverted thinking）型：ESTJ與ENTJ，以及它們之間的異同。下一段描述將以相同的方式處理兩種內向思考（introverted thinking）型：ISTP與INTP。接著討論外向與內向的情感型（feeling）、外向與內向的實感型（sensing），以及外向與內向的直覺型（intuitive）。

不難想想，外向型與內向型的最大相似，會出現在兩種類型只有EI偏好不同的時候。此時他們擁有有相同的「感知」與「判斷」的組合，外在生活也將由相同的外向歷程所塑造。

這些相似之處可能在日常生活中最明顯。而當一些非常重要的事情出現問題，且內向者的主導歷程佔據主導地位，這些相似之處就不會那麼明顯。

陰暗面（The Shadow Side）

本章的這些描述，是針對每種類型當中發展健全人而撰寫，例如正常、平衡、適應良好、快樂又有效率的人。因此，本章中的這些基本描述都是基於「主導與輔助歷程都發展良好」的假定而產生的。可是實際上，每種類型當中的每個人之發展狀態都很不一樣，如果某人的輔助歷程沒有健全發展，則這個人的判斷力與感知力就不會平衡，外向性與內向性也不會平衡。如果主導歷程也未發展，就只剩下該人格類型的缺點。

不論發展良好與否，每個人都有陰暗面。正如顯意識人格（conscious personality）是歷程發展良好所產生的結果，陰暗面則是最沒有發展之處，也就是大家拒絕與否認之處。陰暗面會使用相對幼稚且原始的判斷力與感知力（而不是有意識的意念），完全避開顯意識人格，也無視顯意識的標準。

這樣的結果往往會令人後悔。常有人在事後說：「我不知道我為什麼會那樣做，我不是故意的！」這通常就是陰暗面造成的。我們自己可能也從未察覺，那些讓我們後悔的事，正是陰暗面造成的，正如經典電影《窈窕淑女》裡面的男主角、暴躁的希金斯教授堅稱，自己是「一位相當安靜的人」。

理解陰暗面是好事，因為它能解釋人類的一些奇怪矛盾。如果一個人明顯的偏好指向某個特定類型，但他的行為模式與他代表的類型完全不同，那就要考慮他所做出的行為之品質——如果品質低於這個人平常的水準，那麼可能就是陰暗面在作祟。

一個人的人格類型，是有意識地對生活表現出特定取向所產生的結果，是習慣性且有目的的思考方式。會成為習慣，是因為這些方式看起來很不錯、有趣且值得信賴。陰暗面則是人沒注意的時候會發生的事。

有些內向者很少有意識地關注自己的外向性，使得他們的外向輔助歷程發展程度很低，或根本沒有發展。他們的外向性大部分都是潛意識，陰暗面歷程可能會比他們的顯意識人格更明顯。若有一位女性替自己的丈夫做了人格分類指標分析，覺得他應該是相當內向的 ISFJ，於是想要把他變成 ISTJ——這樣做的話，就是忽略了他沒有表達出來的情感，反而是彰顯他陰暗面裡潛意識、自卑且批判的思維。

外向思考型 ESTJ 與 ENTJ

■善於分析、就事論事
■可能是經理人、法律、技術人員或改革者
■善於整理並釐清事實（以及整理跟自己有關的一切）
■果斷、有邏輯、推理能力強
■透過深思熟慮的結論，想要管理自己與他人的行為
■以事實、公式與方法來判斷真實性
■會有偶發的情感生活
■社交生活不頻繁

外向思考型的人會盡可能用他們的思考來讓世界運行。只要需要組織、批評或規範外在情況的時候，思考都會發揮作用。他們通常喜歡決定應該做什麼，並給出適當的指令來確保事情會完成。他們討厭模糊不清、沒效率、半途而廢，以及任何漫無目的或沒效率的事情。他們通常謹守嚴明紀律，知道怎麼在該強硬的時候強硬。

他們可以說是標準的高階主管類型，高階主管當然也有其他類型，其中有一些也非常成功。其他類型的人是不是會如此享受擔任高階主管，或者努力成為高階主管，這點倒是可以存疑。有時候，這種類型的孩子在小時候就懷抱具體的目標，並對經營事務產生自然的興趣。受歡迎程度先不談，他們會成為班上的領導者。

大部分外向思考型的人都很有效率，因為他們願意以對別人的嚴厲要求來律己。他們會提早明定自己的目標，並有系統地付出努力以按時實現這些目標。在他們狀態最好的時候，他們會毫不留情地檢視自己的行為並修改任何不合標準之處。

外向思考型的人天生偏好採用批判的態度。他們根據自己的判斷，採取有力的行動，不管是否有事實根據。有位外向思考型的人說：「我幾乎無法抗拒『去做決定』的衝動，有時只是單純為了做決定而做決定。在這種衝動之下，我不但會在我自己的領域做出又快又精準的決定，也容易在陌生的領域做出同樣快速但錯誤的決定，這都是因為我只想著要趕快做出決定，卻沒有花時間充分瞭解事實。」

外向思考型的人必須發展出良好的感知輔助歷程，才能為他們提供判斷的依據，並且必須學著不要馬上做出判斷，感知力才有時間發揮功用。這可能不容易，但會有豐厚的回報。提升知覺不僅會讓他們的判斷更合理，如果能利用感知來看待其他觀點，將有助於他們的人際關係——而這正是他們需要幫助之處。

外向思考型的人會建構一套原則來體現他們對世界的基本判斷。他們的目標是遵守那些原則，並認為其他人也應該要遵守。他們人生中的任何改變，都需要先有意識地去改變自己的那套原則，才辦得到。如果他們的感知沒辦法適時告訴他們如何放寬原則，則他們的原則就會變得很死，太過強硬，不只會影響思考型的人，對他們周遭的人也是如此，尤其是他們的家人。凡是符合原則的都是對的，一切違反原則的都是錯的，而所有原則沒有涵蓋的事都不重要。正如榮格所說，他們的原則會變成「一條普世法則，而且無論在何時何地，誰如果不依從就是錯的，誰如果違抗這條普世法則，就是不理性、不道德，甚至已經失去良知。」

在這種情況下，他們錯在「將自己的判斷強加於人」。判斷型的人應該要嚴以律己，而非嚴以律人。比起情感判斷，思考判斷會對「被批判的人」比較嚴厲，因為思考本來就是批判性的。思考判斷會分析並認定如果作法不同，結果會更好，而且通常會說出來，但情感判斷表達的同時仍不忘給予讚美。情感喜歡表達欣賞。對情感發展最不完整的思考型來說，這可能期望過高，但思考型的人可以將這點納入他們的原則中，偶爾利用感知來瞭解他人值得欣賞之處（並且說出來）。

如果能做到這點，便能給出帶有善意的建議。每個人都喜歡被理解，特別是下屬，他們無法為自己的觀點而戰，對孩子、丈夫與妻子來說也特別重要，不然只能以犧牲家庭和睦作為代價。

還有另外一個原因讓思考型的人也應該要多點知覺態度。如果他們百分之一百的時間都讓思考判斷來支配自己，他們就會將情感壓抑到對自己完全沒有任何用處的地步。有時候，他們甚至可能會因為意想不到的暴怒而讓自己極為尷尬，而這是他們在有意識的情況下永遠不會「想要」犯下的錯誤。不過，如果他們培養感知力，偶爾關閉自己的思考判斷，就能在情緒爆發之前為自己提供一個有建設性的出口。

推理可以說服外向思考型的人，成功說服他們是一項了不起的成就，因為只要他們下定決心做某件事，就勢在必行。

外向思考型：輔助歷程為實感（Extraverted Thinking Supported by Sensing）

ESTJ 型的人以實感而不是直覺來看待世界，所以他們對五種感官所能感知到的現實最感興趣，他們也因此實事求是，務實、接受度高並能保留事實細節，能夠容忍例行公事，精通機械，擁有現實主義，並在乎當下的一切。他們的思考歷程是經過深思熟慮的——往往是實際的思考，而不會抄捷徑去訴諸直覺。

ESTJ的好奇心主要受到能夠直接吸引感官的新事物所啟發，像是新物件、小玩意或發明、新的實體活動、新認識的人、新房子、新食物與新景色。無法透過感官理解的新事物（抽象的思想與理論）似乎比較不真實，也比較難以接受。他們不喜歡任何無形的東西，因為會破壞真實世界的可信度，讓大家無法確信自己的判斷。

ESTJ型的人透過熟練地運用與調整過去的經驗來解決問題。他們最喜歡的工作，是能夠立刻看見具體、明確成效的工作。他們生來偏好工商業、製造業與建築業。他們喜歡管理、組織與完成事情。這種類型的高階主管偏好將計畫與決策建立在既定的事實與程序之上，他們不太聽自己的直覺，可能需要一個直覺型的人從旁為他們指出新想法的價值。

這可能是最傳統的「陽剛」類型，男性數量比其他任何類型都多。

外向思考型：輔助歷程為直覺（Extraverted Thinking Supported by Intuition）

ENTJ型的人以直覺而不是實感來看待世界，所以他們主要對未來、顯而易見或已知的可能性感興趣。直覺會提升他們對知識的興趣、對新想法的好奇心（不論是否立即有用）、對理論的接受度、對複雜問題的品味、洞察力、遠見以及對長期可能性與結果的關注。

ENTJ型的人很難安於不需要直覺的工作。他們需要解決問題，而且可能是尋找新解決方案的專家。然而，他們的興趣在於大局觀，而不是詳細的程序或事實。

這種類型的高階主管可能會被其他直覺型的人包圍，因為他們喜歡能夠快速吸收的人，那些人的思考方式與他們自己的工作方式相同，但他們的團隊中最好 至少擁有一位好的實感型，以防止他們忽視相關事實與重要細節。

內向思考型ISTP與INTP

- ■善於分析、就事論事
- ■主要對基本原理感興趣

■善於組織概念與想法（INTP）或事實（ISTP），但除非必要，不然不善於組織人或情況

■具有洞察力，但不會控制他人與事物，因為思考的果斷只表現在與知識相關的事物上

■除非與親密的人相處，不然表面上看起來安靜、有所保留、疏遠，甚至可能給人高冷的感覺

■內心專注於當下的分析或問題

■比較害羞，特別是小時候，因為內向思考型的主要興趣對閒聊或社交沒有什麼幫助

內向思考型的人用自己的思考來分析世界，而不是用思考來經營這個世界。思考讓他們合乎邏輯、就事論事、客觀批判，除了推理之外，什麼都說服不了他們。內向的他們將思考集中在事物背後的原則，而不是事物本身。

因為他們很難將思考從想法轉變為日常生活的細節，所以他們習慣以自己偏好的知覺歷程來引導外在生活，這讓他們充滿好奇心且擁有強大的適應力，直到違反他們的任何一項主要原則，他們才會停止適應。

他們會堅持不懈，不管外在環境發生什麼；他們的目標單一，認為長遠的思想成就

會比生活的社交與情感層面重要。他們可能難以將自己的結論傳達給世界，難以讓世界接受或甚至理解這些結論。榮格說內向思考型的人「只是把想法提出來，幾乎不會努力想辦法去讓其他人贊同自己的想法；當他們的想法無法推動的時候，通常會十分生氣」。

從愛因斯坦身上可以看到內向思考型在數學上的應用；在康德身上是哲學；在美國總統威爾遜身上是國際事務；在榮格身上則是心理學。在工業領域，內向思考型的工作應該是找出問題或營運背後所需要的原則，然後由其他類型的人去營運。從福特汽車創辦人亨利．福特的成就中可以看出大規模生產原理的廣泛運用。（福特總是不遺餘力地確保自己的行動自主性，他也就不需要為了自己的計畫而改變別人。）

為了效率，內向思考型的人必須擁有良好的輔助歷程來培養感知力，以便協助他們的思考。如果他們的實感與直覺都沒有獲得有效發展，他們將缺乏感知力，導致他們的思維無法獲得足夠的思考，最後產出貧乏又沒有用的結果。缺乏足夠的輔助歷程也會讓他們缺乏外向性。即使按照內向者的標準，他們與外在世界建立的關係也會不夠完善。

內向思考型的人發展最差的一定是外向情感。除非有人告訴他們，否則他們不太可能知道什麼對他人的情感最重要，但他們有能力也應該按照原則行事，瞭解大家的確在乎自己的優點是否獲得讚賞，以及觀點是否獲得尊重並認真考慮。如果內向思考型的人能夠不厭其煩地做兩件簡單的事，他們的工作生活與個人生活都會變得更好：應當讚揚的時候誠實地說句讚賞的話，並在提出自己不同意某人論點之處之前先提出自己同意之處。

與所有的內向者一樣，內向思考型的人在輔助歷程的選擇會造成很大的不同，並且會影響外在的個性。在 ISTP 的組合中，實感的輔助歷程會帶來現實主義與實事求是的特質，有時候會為自己帶來意想不到的樂趣，通常是對運動與戶外休閒的興趣。在 INTP 的組合中，直覺會提供敏銳度與想像力，以及喜愛需要巧思的計畫與工作。

輔助歷程的選擇也會影響主導歷程的運用，因為採取的感知力會決定外在世界的哪些元素會引起主要思考的注意。如果實感做出選擇，所呈現的內容將會更具體，通常涉及力學或統計，但不管怎樣都是與事實有關的領域。如果直覺做出選擇，內容將更加理論且抽象，提供洞察力與原創性發揮的空間。

內向思考型：輔助歷程為實感（Introverted Thinking Supported by Sensing）

ISTP 型的人在應用科學上比較吃香，特別是在力學的領域。在所有歷程中，實感最能讓人瞭解物質可見與有形的特性、如何運作，以及你可以與不可以用它來做什麼。這種類型的人擅長運用自己的雙手，這在科學原理的實際應用中是非常有用的資產。

對於非技術性的興趣，ISTP 型的人可以運用普遍性的原則，從混亂的資料中理出秩序，並從雜亂無章的事實中找出意義。實感吸收事實與細節的能力，對於在經濟領域工作的 ISTP 型極為有用，像是證券分析師，或是工商業的市場與銷售分析師，簡單來說，處理任何領域的統計數據都相當有用。

有一些 ISTP 型的人，特別是年輕人，十分推崇省時省力。如果他們精準判斷需要付出多少努力並迅速採取行動，這種信念就能提高他們的效率。然而，如果他們低估所需的努力，或者表現不佳，省力恐怕會更接近懶惰，而且可能完成不了太多事情。

內向思考型：輔助歷程為直覺（Introverted Thinking Supported by Intuition）

不少 INTP 型的人都成為學者、理論家與抽象思想家，服務於科學、數學、經濟學與哲學領域。INTP 型的人可能是所有類型中學識最淵博的。直覺帶來的洞察力比單靠思考更深刻。直覺能使人對知識有好奇心，使人擁有快速的理解力，處理問題時可以有巧思，還能使人有豐富的想法，以及能夠瞥見邏輯都還無法觸及的可能性。另一方面，直覺會使得他們討厭例行公事——儘管他們可能會在經過一生的努力之後，比較適應例行公事。

因此，INTP 型的人特別適合研究與實現清晰的新思路。他們很可能對分析問題與發現解決方案比較感興趣，對執行自己的想法比較不感興趣。他們制定原則並創造理論，只把事實當作理論的依據或例子，從來不會單看事實本身。

譬如說，一位 INTP 型的心理學教授對一位外向的學生解釋：「這篇論文完全正確，但你太過於強調事實，遠遠超過原則，你顯然認為事實最重要。因此，你的成績是 B。」學生對於「為什麼成績這麼低」的憤怒，遠遠超過了她對低分成績本身的憤怒。「事實當然是最重要的部分。」她說。

許多這種類型的學者都是老師，特別是大學層級的老師，因為大學看重他們的成就，他們自己也看重學習與研究的機會，但他們教學的特點是，關心自己任教的科目多過關心學生。偉大的數學家高斯（Johann Carl Friedrich Gauss）發現教書非常痛苦，以至於他想盡辦法勸退所有未來的學生，告訴學生他們正在詢問的課程可能根本不會開。

溝通問題也會是他們教學的障礙。面對一個需要簡單答案的簡單問題時，內向思考型的人會覺得自己有義務講出確切的事實，這些事實必須符合他們的學術良心所要求的每項條件，但答案太過精確且複雜，以至於很少人能夠理解。如果這些老師能將解釋的難度降低到他們認為太簡單、明顯到不值得一提的程度，內容反而才適合一般大眾。

INTP 型的高階主管在科學界與學界之外可能很少見。優秀的 INTP 高階主管都是已獲得極為明確的外向性，因為外向性的能力可使他們時時掌控自己必須處理的狀況。這些INTP型的人以洞察力來展現自己的權威，並利用聰明才智與理解力來尋找能夠實現目標的方法。但他們會以嚴格的標準來檢驗每一項提出的措施，以確保在他們指導之下的任何事都能展現出自己的正直。

INTP型（而外向直覺型的人也一樣）容易假設自己的直覺所暗示的可能性會成真。其實，他們該做的是把「自己最有吸引力的直覺所擬定出來的計畫」，拿來跟「相關事實與這些事實所帶來的限制」加以查核一下，否則等到他們已經浪費精力追求不可能的事情，會發現為時已晚。

外向情感型ESFJ與ENFJ

■最重視和諧的人際關係
■最擅長與人打交道的工作，以及可以透過善意贏得必要合作的情況
■友善、機智、富有同情心，幾乎總是有辦法表現出適合當下的情感
■對褒貶很敏感，渴望自己能符合所有合理的期望
■具有對外的判斷力，喜歡決定與解決事情
■堅持不懈、認真負責，即使是小事情也有條不紊，並堅持別人也得如此

■理想主義且忠誠，能夠對所愛之人、事、物奉獻良多
■可能偶爾會利用思考判斷來幫助自己欣賞與適應思考型的觀點，但絕不允許思考牴觸自己的情感目標

外向情感型的人散發著溫暖，給人一種夥伴的感覺，他們迫切需要在他人身上找到呼應的情感，並得到溫暖的回應。別人的認可特別能夠溫暖他們，但他們也對別人的漠不關心很敏感。他們的不少快樂與滿足來自溫暖他人與自己，喜歡欣賞別人，因此容易關注人最值得讚賞的特質。

他們很懂得如何找出他人意見中的價值，即使意見互相衝突，他們也會相信能夠以某種方式達成共識，並經常成功。他們太過在意他人的觀點，有時候會忽略自己的價值。他們在與人交談的時候最能夠思考，而且他們樂於與人交談。

他們所有的心理歷程似乎在與人接觸的過程中運作得最好。荷蘭心理學家范・德・霍普說：「他們的思想在表達的同時形成。」然而，他們也是想法飛躍又抽象的思考型，一面表達一面產生想法，使得表達冗長且笨拙。將思想與演講結合可能會對講師與演說家帶來好處，但會讓外向情感型的人無法保持言簡意賅與實事求是，而且通常會減慢他們的工作速度。他們容易在會議與委員會上花費大量時間。

大家都知道他們的理想主義，而這種理想主義有兩種作用：他們努力實現自己的理想，以及他們會把自己所珍視的人事物加以理想化。在這兩種情況下，外向情感型的人一定會壓抑並否定自己與他人心中跟情感相牴觸之處，這種做法會導致，只要涉及情感的地方，就會缺乏現實主義。（外向實感型的人表現出的自在與社交能力，很類似外向情感型的人，但面對同樣與自己想法不同的冰冷事實的時候，外向情感型的人會否認其存在，而外向實感型的人則會接受它的存在並就此罷休。）

由於他們的主導歷程，也就是情感，是一種判斷歷程，這些外向情感型的人自然會更偏好批判的態度。與其說他們知道自己喜歡解決問題，就像外向思考型的人常常做的那樣，不如說他們是相當喜歡問題有解決好，或至少要感覺事情已經解決。他們容易覺得世界上大多數的決定都已經完成。大多數行為、言論、意見與信仰的理想與不理想之處，對他們來說似乎都只是前提。他們認為這些真理不證自明。因此，他們不管碰到什麼事，都想立刻對它做出評價，而且有股衝動想要馬上把自己的評價表達出來。

可是他們的這些判斷，必須建立在發展良好的知覺歷程上，才會具有良好的效果。如果發展良好的輔助歷程是直覺，它將會提供洞察力與理解力。如果發展良好的輔助歷程是實感，它將提供親身經歷、真實的生活知識。兩者都可以為情感判斷提供真誠的依據，但如果兩者都沒有培養，就完全沒有個人根據可言。

然而，缺乏平衡輔助歷程的外向情感型人，會迫切需要將自己的情感判斷建立在某件事上。此時他們別無選擇，只能採用社會認為適當的情感判斷形式。因此，他們會適應整體社會，但缺乏感知會讓他們無法適應其他人。

有一位十分缺乏知覺的外向情感型母親，與她十幾歲的孩子之間有很多問題，於是有人勸告母親要試著停止判斷，對孩子採取不多加批判的知覺態度。她回報說：「就像魔法般有效，但這是我做過最難的事。」

在缺乏足夠感知的情況下，外向情感型的人容易草率地得出結論，並根據假設採取行動，最後才發現原來假設根本是錯的。他們可能會對事實視而不見，特別是討厭的情況或痛苦的批評。他們比其他類型更難直視自己不希望成真的事情，實際上，他們甚至可能完全看不出來。如果他們無法面對討厭的事實，他們就會忽視自己的問題，而不會去找好的解決方案。

外向情感型：輔助歷程為實感（Extraverted Feeling Supported by Sensing）

ESFJ 型的人實事求是、務實、循規蹈矩，談吐豐富且真誠，對收藏、漂亮的房子與所有有形的生活裝飾品感興趣。ESFJ 型的人主要關注親身經歷的細節，無論是他們自己的還是朋友與熟人的，甚至是碰巧有所交集的陌生人的經歷。

學者哈洛德．格蘭特（Harold Grant）在一九六五年的一項研究中指出（見第十四章），ESFJ型的人會選擇「為他人服務的機會」作為理想工作中最重要的特色。與任何其他醫學專科相比，兒科對他們的吸引力最大，而且兒科對他們的吸引力也比對其他類型的人強。他們對身體狀態的同情與關心常常引領他們進入與健康照護職業，特別是護理，他們可以提供溫暖、舒適且全心投入的照護。

即使是辦公室的工作，他們的情感也扮演重要的角色，他們有辦法將社交元素注入任何分配給他們的工作當中。在所有類型之中，他們最能適應例行公事。他們可能不太在意自己從事什麼樣的工作，但他們希望能夠在工作時交談，並且希望在友善的氛圍下工作。

有一位電話公司的員工，除非她確定老同事會為她舉辦餞別宴，新同事會為她舉辦歡迎會，不然她本來拒絕調去另一個單位。若把「變動」略微轉化成社交活動，則她的情感就能夠接受這種變動。

外向情感型：輔助歷程為直覺（Extraverted Feeling Supported by Intuition）

ENFJ 型的人容易對新想法本身好奇，對一般的書籍與知識擁有好品味，對理論、遠見與洞察力接受度高，以及對未來、顯而易見或已知的可能性充滿想像力。ENFJ 型的人可能擁有表達的天賦，但他們可能會在與聽眾交談的時候使用這項天賦，而不是寫作的時候。

在這種類型人當中，最能看見極為溫暖與最親切的一面，原因來自於溫暖與洞察力的 NF 組合。ENFJ 型的人在許多領域都表現出色，例如：老師、神職人員、職涯與個人顧問，以及精神科醫生。顯然，對於「和諧」的渴望，也會延伸到知識觀點上。一位非常有魅力的 ENFJ 型，從高中時期就對人格類型感興趣，她認真地告訴我：「有人問我對人格類型有什麼看法，我不知道該告訴她什麼，因為我不知道她對人格類型有何感想。」

內向情感型 ISFP 與 INFP

■最重視和諧的內在生活情感
■最擅長與個人價值觀有關的個人工作，像是藝術、文學、科學、心理學或對需求的感知力
■富有深層的情感但很少表達出來，因為外顯的含蓄與平靜，掩蓋了他們內心的柔情

與熱情的信念

■擁有獨立於他人的判斷，此判斷乃是受到內在道德法則的約束

■內心擁有直接判斷，確保讓較有價值的事物，優先於相對沒價值的事物

■具有強烈的責任感，盡忠職守，但不希望讓他人留下深刻印象或影響他人

■理想主義且忠誠，能夠對所愛之人、目標或使命奉獻良多

■可能偶爾會利用思考判斷來幫助自己贏得思考型對情感目標的支持，但絕不允許思考牴觸自己的情感目標

內向情感型的人充滿溫暖與熱情，但除非他們很瞭解某個人，不然他們可能不會表現出來。他們將自己溫暖的一面藏在裡面，就像刷毛大衣一樣。因為依賴情感，所以他們以個人價值觀來判斷一切，知道什麼對自己最重要，並且會不惜一切代價保護它。

由於他們的情感是內向的，他們主要透過自己偏好的知覺歷程來表現外在生活，不論是實感或直覺都可以。這使他們思想開放、懂得變通且適應力強，除非他們最重視的事情處於危險之中，不然他們不會停止適應。

若從事他們有信心的工作，則他們的工作表現會多出一倍，情感會為他們的努力增添能量。他們希望自己的工作能夠為他們認為重要的事物做出貢獻，理解人類、幸福、

健康，讓任務達到完美。他們希望自己的工作背後有目標，不計薪水多寡。他們投入情感的時候，就是完美主義者，而且通常在獨立作業的時候最快樂。

內向情感型的效率取決於他們是否找到抒發的管道，他們透過這個管道將自己內在的確信與理想向外傳達。找到管道的時候，內在的確定性會為內向情感型的人提供方向、力量與目標。缺乏這樣的出口，關係就會達不到他們的目標，確定性會讓這些人更加敏感與脆弱。結果可能是無力感與自卑感，對人生失去信心且產生不信任感。

現實與理想之間的對比對 ISFP 型的人影響更大，他們比 INFP 型的人更能敏銳感覺到事情的實際狀態，INFP 型的直覺則會建議他們有希望成功的改善方法。ISFP 型的人也更有可能因此自信心不足。對上述兩者而言，對比所帶來的問題比其他類型的人更嚴重。

解決方案是全心全意地使用感知與理解作為生活方式。因為他們注定要以這種方式來適應社會，所以他們必須對它擁有適當的信心，努力去實行，並且能夠在遭遇外在與內在困難的時候派上用場。

他們依靠感知，甚至不會想硬衝過障礙，他們會「看穿」障礙。如果他們遇到不信任、冷漠或敵意，這些都可能會阻礙外在努力或威脅到內在平靜，他們通常會透過理解來完成事情，果斷的正面攻擊是絕對不可能完成的。伊索寓言裡面有個故事，寒風使勁、猛烈地吹都沒有辦法將旅人的斗篷從身上扯下來，但旅人卻在陽光的照射之下脫下斗篷。

大多數的人的確都會在真誠且不加批判的溫暖中卸下冰冷的一面。

外人不應該輕忽內向情感型的信心，不可僅因為他們的信心看起來不像對立類型的人那樣堅定，就加以輕忽——那些對立類型的人依賴的是外向性而非內向性，或者依賴思考而非情感，或者依賴判斷而非感知，或甚至三者結合，例如外向思考型的外表是所有類型中看起來最有自信的。

內向情感型的人有自己的優勢。他們可以完成一些別人做不到的事情，他們的貢獻所帶來的價值也是首屈一指。瞭解不同類型的不同優點應該可以加強他們對自己天賦的信任，兩種類型之間的差異是美德而不是缺陷。他們無法與自己所愛或欽佩的人意見一致的時候，只要理解「兩種類型之間的差異是美德，而不是缺陷」，就應該可稍微緩解他們會感受到的矛盾。

內向情感型：輔助歷程為實感（Introverted Feeling Supported by Sensing）

ISFP 型的人會看到現實（當下的需求），並努力滿足這個需求。ISFP 型是所有十六種類型中，極為偏好一般醫療工作的兩種類型之一，這讓他們能夠接觸到最廣泛的人類疾病。他們也可能在重視品味、辨別力、美感與比例的領域找到滿意的出路。他們擅長工藝，似乎對大自然有著特殊的熱愛，且對動物充滿同情心。他們的表達能力遠不如INFP型的人，而且工作表現通常比說出的任何話都更有說服力。

他們可能特別適合需要奉獻與高度適應能力的工作，就像居家訪視護理師的情況一樣，永遠不能指望會遇到標準條件，但必須掌握每一個新個案的情況並修改自己給予個案的指示，以因應當前情況。

他們可能是最謙虛的類型，總是容易看輕且低估自己。任何ISFP型的人做得好的事情，他們都理所當然地認為這不是什麼偉大的成就。他們不需要聖經裡使徒保羅在〈羅馬書〉所規定的「不要看自己過於所當看的。」在大多數的情況下，他們應該比自己所想的還好。

內向情感型：輔助歷程為直覺（Introverted Feeling Supported by Intuition）

INFP型的人在為人類提供可能性的領域表現出色，例如諮商、教學、文學、藝術、科學、研究與心理學。科學也包含在內——這可能是一個驚喜，至少對我來說就是。我的父親萊曼．布里格斯（Lyman J. Briggs）曾任國家標準局（National Bureau of Standards）局長（按，現已更名國家標準暨技術研究院National Institute of Standards and

Technology），我們完全預期研究科學家都像他一樣主要是 INT 型，絕對不會像我母親與我自己一樣是 INF 型。事實證明，該局的頂級研究員中 INF 型確實比 INT 型少，但他們同樣傑出。也許 INF 型的情感所產生的熱情會激發直覺去尋求真理，透過思考完成的分析則會在適當的時機證明這一點。

INFP 型的人通常具有語言天賦，我們曾分析過某高中的畢業班，其中包括四名 INFP 型的女性。一位是校刊編輯，全校票選她是「最有可能成功」人物；一位是畢業紀念冊的編輯、校刊文學編輯與畢業生致詞代表；第三位贏得一份四年的獎學金，後來成為大學校園報的編輯；第四位的內心擁有優異的創造力與語言能力，卻不擅長使用於外在世界，她能寫下令人難忘的詩，為「漂流在生活的地平線上的夢想家」發聲。

這種類型的文學傾向明顯來自直覺與情感的組合。直覺提供想像力與洞察力，情感提供溝通與分享的意願，而語言的掌握顯然是直覺對符號的熟練，以及情感的藝術辨別力與品味的共同產物。因此，所有四種 NF 型的人都應該具備這些能力。然而，外向型的 ENFP 與 ENFJ，甚至是情感外向的內向直覺型 INFJ，都可能長於透過口語進行溝通，例如擔任老師、神職人員、心理學家等。至於 INFP 型的內向者，情感則是非常拘謹，以至於他們通常更偏好書面文字，讓他們得以在不與外人接觸的情況下，表達自己的感受。

外向實感型 ESTP 與 ESFP

- 現實主義
- 實事求是且務實
- 適應力強，通常很隨和，活在世上相當自在，對他人與自己都很寬容
- 擁有很會享受生活的能力與對各種體驗的熱情
- 喜歡具體的事實，對細節很在行
- 擅長從經驗中學習最多與最好的內容，在生活中的表現比在學校更好
- 通常很保守，重視習慣與傳統，喜歡事物原本的樣子
- 能夠吸收大量的事實，並喜歡、記住這些事實，且從中獲益

外向實感型的最大優勢就是他們看重現實。他們主要依賴自己感官的見證（亦即他們所看到、聽到與知道的第一手資料），因此總是知道自己周圍的實際情況。在情感佔據主導地位的人格，通常容易看到事物「應該」呈現的樣子；思考佔據主導地位的類型，則看到邏輯上事物「必須」呈現的樣子；直覺佔據主導地位的類型，可以看到事物安排好的樣子。但是外向實感型的人，只要是他們眼睛可見之處，就可看見事物的真實面目。

省時省力是他們處理情況的特色。他們從不與事實爭辯，相反的，他們會接受並利用事實。他們不會做無謂的反抗。如果已經開始進行的事被迫中斷，他們就會以另外一種方式繼續進行。如果計畫已經不符合現實，他們就會放棄。

在沒有計畫的情況下，他們也常常能夠做得很好，而且喜歡處理臨時出現的情況，他們相信只要全面掌握事實，總會找到解決辦法。「應該」或「必須」阻止不了他們，他們會追求事實並提出十分實用的解決方案。

結果就是，這種類型的人可能非常擅長將相互衝突的陣營團結在一起，並讓事情順利推動。他們的協調能力大多得歸功於，在面臨各種情況的時候，他們可以掌握所有事實與個人因素，可以接受他人的本質並與之相處，不受表面的特質愚弄。

他們喜歡事實，也喜歡吸收事實，這都來自於強烈好奇心。一位外向實感型的人寫信跟我說：「確實，我腦袋裡有一大堆完全不相關主題的事實，而且我總是有興趣知道更多。」與其他 ES 類型的人一樣，ESTP 型的人與 ESFP 型的人對感官直接接觸到的任何新事物都感到好奇，像是新食物、景色、人、活動、物體、小工具或發明等。然而，無法透過感官理解的新事物（抽象的思想、理論）似乎比較不真實，也比較難以接受：他們對任何神秘的東西反感，因為會破壞真實世界的可信度。他們永遠不會完全喜歡或信任新的想法，除非自己有時間去掌握並將它牢牢放進事實框架中。

因此，外向實感型的人在處理已知且熟悉的變化時，處於最佳狀態，他們較不擅長處理全新的事物。他們的強項是完美處理事物與情況，最好還能來點變化。

他們通常對機器有種本能的親切感，並且對機器可以做什麼與不可以做什麼，有極為明確的認識。在我們認定為外向實感型的前二十名男性中，我們發現一位頂尖的機械工程師、一位精工師傅、一位相當成功的製造廠指導員、一位海軍「緊急事故處理官」與一位政府專家，他詳細研究失事班機糾結在一塊的殘骸，進而發現飛機設計中一些不明顯但致命的缺陷。

個人生活方面，這些類型的人在生活藝術方面表現明顯。他們重視物質，會花時間去取得、對待並享受這些財富。他們十分看重具體的享受，從美食、華服到音樂、藝術、自然之美與娛樂產業的所有產品。即使沒有這些輔助，他們也能從生活中找樂子，這也讓他們成為充滿樂趣的夥伴。他們喜歡健身與運動，通常也很擅長，如果不擅長，他們也會是運動健將最好的啦啦隊。

在學校，他們不太重視書本，不覺得讀書可以為生活做準備，也不覺得可以替代第一手經驗。他們用功的時候，大部分都是用在「去記住知識」上面——雖然這種技巧在某些科目上管用，但無法應付物理與數學，因為這些科目必須理解原理。有一個故事是關於一位將軍，他整個職業生涯都以帶領戰場部隊的能力而聞名，然而，他早年想靠著背下課堂上每一字、每一句來通過戰術課程，搞到差點被西點軍校退學。

范・德・霍普談到這些人的時候說：「他們對事實的印象最深，他們的看法比其他人更真實，也較少有偏見，從這點最能看出他們的原創性。他們奮鬥的時候固守經驗，雖有點缺乏理想，卻是卓越的經驗主義者。在實際生活中，如果看不出改變能帶來什麼好處，那麼他們就會非常保守。他們令人感到愉快，是好戰友與快樂夥伴，也常是很棒的說書人及優秀的觀察者，並且很懂得如何實際運用自己的觀察。他們對細節有很強的感知力，並能以細節為基礎，實際評估情勢。此外，還有能力對實用性與耐用性進行合理估算。」（一九三九）

這些類型的人天生偏好知覺態度，因此他們的優點往往是思想開放、寬容與適應力，而不是持續努力、方法與果斷。後面三項特質只有在判斷力發展良好，足以平衡實感的情況下才會出現。對這些人來說，培養足夠的思考判斷或情感判斷極為重要，才能賦予他們持續下去的動力、目標與品格。否則，就會產生懶惰、不穩定與人格普遍膚淺的危險。

外向實感型：輔助歷程為思考（Extraverted Sensing Supported by Thinking）

ESTP型的人以思考而非情感來做決定，因此他們更瞭解行為或決定背後的邏輯結果。思考能讓 ESTP 型的人更能掌握背後的原理，幫助他們學習數學與理論，並讓他們在該強硬的時候強硬。

在處理機械與其他具體問題的時候，他們既可靠又實際，而且會避免把問題變得複雜。面對直截了當的事情，他們的判斷準確可靠。

比起「坐而言」，他們更偏好「起而行」。一件事情越能直接轉化為行動，就會越清晰有效。他們坐著什麼事都不做的時候，其實是一種友善的態度，表示任何令人愉快的事情他們都願意做。

外向實感型：輔助歷程為情感（Extraverted Sensing Supported by Feeling）

ESFP 型的人用情感而非思考來做決定，情感容易將興趣與觀察集中在人的身上，處理人際關係的時候才能表現出明顯的友善、機智與輕鬆，對人的合理與實際估算也是如此。

在 ESFP 型的人中，充滿著高中時期大家票選為「最友善」或「最佳死黨」的學生。情感也有助於藝術品味與判斷，但對分析一點幫助都沒有，這可能會使這種類型的人過於寬容，以至於他們無法成為嚴格執行紀律的人。

內向實感型 ISTJ 與 ISFJ

- ■有系統、細心且思慮周到
- ■特別能夠承擔責任，但 ISTJ 型的人通常比 ISFJ 型的人喜歡承擔責任
- ■工作努力，他們是內向類型中最實際的
- ■表面上實事求是，內心偏好感覺所帶給他們個人的不同反應（這種反應，非常因人而異）
- ■對細節的耐心與積極應用，表現相當出色
- ■對例行公事適應良好
- ■吸收並享受利用大量事實

內向實感型的偏好組合讓這類人十分可靠。他們將實感運用在內在生活，這是他們最喜歡的歷程，將想法建立在深刻且堅定的印象累積上，這讓他們的想法幾乎不可動搖。然後他們用自己偏好的判斷、思考或情感來經營自己的外在生活。因此，他們對事實與這些事實所衍生出的任何責任，都保有完全、真實且實際的尊重。實感提供事實，而每當出於內向者的特徵使得他們暫停下來反思之後，他們的判斷力會承擔責任。

就算暴風雨就在眼前，他們也從不動搖。內向性、實感與判斷態度這三者之間的交互作用，結果使得他們擁有非常大的穩定度。他們不會衝動投入事物，但一旦投入，他們就很難分散注意力、很難氣餒或停止（除非發生事情，讓他們相信自己錯了）。他們會為與自己相關的所有事情帶來穩定度，

他們的經驗有助於自己的穩定度。他們習慣比較現在與過去的情況——這性特質用在管理上，有助於維持政策的一致，並能在引進新變革的時候給予關注；用在評估人員或方法的時候，這項特質可以整理大量事件以支持結論。

他們喜歡一切都按照事實並簡單清楚地陳述。用范・德・霍普的話來說，他們「無法認真看待直覺，也擔心直覺對他人產生的影響」。他們擁有「掌握細節的超強感知力，以及基於這些細節進行實際評估的能力。在他們自己的領域，這些人通常極為自在，對自己天職的技術層面掌握得很好，但他們並不認為這是什麼特殊的優點。對於自己能力所及或者無法企及之處，他們坦然接受，認為這就是事實，但整體來說他們容易低估自己。」他們的成功往往來自其他人，這些人認可並高度重視他們的優良特質，並提供可以讓他們發揮最高產值的環境。

除了可靠且明顯的美德之外，他們還有一種奇怪且迷人的特質，這股特質在他們成名之前可能不太明顯。他們的感覺印象會對所感覺的事物本質產生強烈的個人反應。這

些反應只有他們自己知道，而且不可預測。外人不可能知道，在他們平靜的外表底下，正在產生什麼有趣且意想不到的想法。只有在他們「下班」的時候（亦即，從外向性、責任與批判態度中放鬆下來的時候），他們才會偶爾將這種內在知覺自然地表達出來。然後他們可能會說出自己的想法，並讓其他人看到自己的認知與聯想，可能很荒謬、很無禮、很感人或很搞笑，但永遠無法預測，因為他們感測生活的方式只屬於他們自己。[10]

他們「上工」與世界打交道的時候，表現出來的個性會反映出他們習慣對外使用的判斷歷程，也就是他們的輔助歷程，無論是思考還是情感。

內向實感型：輔助歷程為思考（Introverted Sensing Supported by Thinking）

ISTJ 型的人重視邏輯、分析與果斷。若能具備足夠的外向性，ISTJ 型的人就可以成為能幹的高階主管。他們也能成為行事十分縝密的律師，在不疑處有疑，因此會發現不少其他人的失誤與疏忽。所有合約都應該由 ISTJ 型的人來審閱，他們不會忽略其中的任何內容，也不會假設任何不存在的內容。他們是會計師的好類型，也是理想的口述聽寫抄寫者，因為他們的準確度、持續性、專注力，以及在工作中不需社交也能獲得滿足感的能力。[11]

ISTJ 型的人如果看到有人需要幫助，他們願意提供任何協助。但他們不喜歡去做任何對自己沒有意義的要求，不喜歡去滿足對自己沒意義的期待。他們很難理解那些與自己完全不同的需求。但是一旦他們相信某件事對某個人來說很重要，這份需要就變成值得重視的事實，他們可能會不遺餘力地去滿足這份需要，儘管他們仍然認為這件事沒有意義。事實上，他們可能會嚴厲批評一些陷入困境的可憐人，認為這些人太過粗心或缺乏遠見，但儘管如此，他們還是會花費大量時間與精力去提供協助。

有時候，ISTJ 型的類型發展，會超出他們的主導與輔助歷程，直接發展附加歷程，也就是情感。他們將之應用在人際關係上，特別是用來欣賞自己最親密的朋友。

內向實感型：輔助歷程為情感（Introverted Sensing Supported by Feeling）

ISFJ 型的人重視忠誠、體貼與共同福祉。這是成為家庭醫師的好類型，與病人接觸時若展現了情感，能使病人獲得渴望的溫暖與安心。ISFJ 高度培養的實感也不會忽視任何病人的症狀，並且能夠依賴自己準確且像是百科全書一樣的記憶。

這也是成為護理師的好類型。在我從全國的護理學校收集的學生樣本中，ISFJ 型是自我選擇職業比例最高的類型，在培訓期間也展現了最低的輟學率，低輟學率也證明他們很積極且堅持到底。

其中一名傑出的 ISFJ 型是一位兩星將軍。他均衡發展的人格類型賦予他三種不同軍事高層推薦的特質：能夠接受衝擊的心理素質（英國名將阿奇博爾德·魏菲爾將軍 General Sir Archibald Wavell 曾說這是將軍的首要要求）、對行政與補給的持續關注（蘇格拉底非常重視這點）、嚴格的實感唯實論——拿破崙在他的格言中就表達出自己偏好其與直覺對立的偏好：「有些人會藉由自己編造，從單一的細節建構出完整的畫面。就算他們可能有其他良好的特質，但他們天生就無法成為軍隊的指揮官。」

不論輔助歷程是思考或是情感，這三種特質都會與其同步。這位將領的判斷歷程，也就是他強勢發展的情感，實際上深埋在一切之下，喜怒不形於色。這種情感表現在他對職責的忠誠與對下屬權益一絲不苟的關心，這會喚起對方的好感與忠誠。

該類型突出的優點也存在於不同的職業中。我所遇過最細心的工人，是一位自己開業的地板維修工，他展現出這種類型的典型特質。他的兒子是一位隨和的年輕外向者，兒子幫他做事，帶著苦笑欽佩地說：「我老爸真的相當特別。」

當然，ISTJ 型與 ISFJ 型的人都必須要透過思考或情感的大幅發展，才能取得平衡。「判斷」會幫助他們與世界打交道，它能平衡內向感知，因為內向感知本身對外界不感興趣。如果判斷沒有發展，他們就會忽略外在世界，變得沉默寡言、難以理解、專注在感官印象的主觀反應，並缺乏展現自己特質的出口。

均衡發展的人格類型裡，判斷與感知都發展良好，不過他們要面對的問題則是在正確的時機使用判斷或感知。與其他所有判斷型一樣，ISTJ 型與 ISFJ 型的人容易在該使用感知的場合使用批判態度，比較不會在該使用批判態度的時候使用感知。因此問題是：什麼時候判斷型不應該使用判斷力？答案是：與他人打交道的時候。

不管是哪一種類型，針對個人的行為與問題，使用判斷力才正確。用在其他人身上的時候，感知才會更公平、更友善、更有成效。

外向直覺型 ENTP 與 ENFP

- 對所有的可能性警覺性很高
- 原創、很有個性、獨立，但對他人的觀點也非常敏銳
- 主動性與創造的衝動很強烈，但完成專案的能力不強
- 人生可能是由一系列成功的專案組成
- 受困難激發，並且最善於解決問題
- 仰賴瞬間爆發的力量，而不是專心致志的意志力

■對自己感興趣的事毫不厭倦，但卻很難完成其他事情
■討厭例行公事
■重視靈感高於一切，並且會充滿信心地跟隨著自己的靈感進入各種機會、企業、投資、冒險、探索、研究、機械發明、宣傳與專案
■多才多藝，通常極為聰明，熱情，容易與人相處，對世上的一切都充滿想法
■處於最佳狀態時，他們具有等同於智慧的洞察力與啟發靈感的能力

外向直覺型很難描述，因為他們種類繁多。他們的興趣、熱情與精力會像洪水一樣突然湧入，席捲一切，衝破所有障礙，開闢出一條道路。等到形成這條道路的這股力量，轉向其他事物之後，其他人還會繼續沿著這條道路走很長一段時間。

意志力或計畫好的目標無法激發外向直覺型的人，那只對判斷型的人有用。激發外向直覺型的是感知，是一種對外在世界某種可能性的直覺想像，外向直覺型覺得這是專屬於他們的，因為他們能夠以一種相當原創且個人的方式「率先看到它」。除了實際考慮之外，他們覺得自己背負著實現這種可能性的責任。這種可能性對他們來說具有無法抗拒的吸引力，讓他們無法拒絕。這種可能性也會成為他們的主宰，為了達成目標，甚至可能會廢寢忘食。除非他們把精靈從瓶子裡召喚出來，否則他們不會停歇。正如榮格

所說：「新的可能性對直覺型的人來說，是無法逃避又很有說服力的動機，為此萬物皆可拋。」但是，一旦他們把精靈叫出來，甚至到每個人都承認精靈是可以叫得出來的時候，他們就不感興趣了。因為精靈不再是一種可能，而只是事實，接下來交由其他人接手就可以了。

判斷類型的人喜歡把這種興趣喪失稱為三分鐘熱度，但其實這種說法沒有抓到重點。直覺型的人在這個世界上有一項基本職責，他們必須確保人類的靈感沒有被浪費。他們無法提前判斷靈感是否會奏效，所以必須自己全心全意投入其中，然後再看是不是有用。他們看到之後，必須繼續探索新的可能性，並應用他們從舊事物中學到的一切。直覺型的人固執地忠於自己的指導原則與激勵人心的可能性，就像實感型的人忠於事實一樣，或者像情感型的人忠於自己的價值觀順位，或是思考型的人忠於自己深思熟慮後的結論。

因此，直覺型的人生往往是由一系列的專案組成。如果他們夠幸運，能夠找到一份包含一系列專案的工作，並找到自己的使命，那麼連續不斷的熱情就會讓他們建立起自己的事業。對作家來說，這可能是一系列的書，每本書都提出一個不同的問題，需要解決、撰寫與上架；對經商的人來說，這可能是業務不斷擴展到新的領域；對業務來說，就是征服新的願景；對政治人物來說，是更高的職位；對大學教授來說，是新生帶來的新挑戰；對精神科醫師來說，則是每個新病人錯綜複雜的思想。

如果完全阻斷直覺型的人對真實靈感的追求，他們就會覺得自己被禁錮、感到無聊且極度不滿。這些是他們不太可能長期忍受的外在困難，但直覺總能找到出路。

然而，有兩個更嚴重的內在危險。首先，直覺型的人絕對不能浪費自己的精力。世界充滿各種可能發生的計畫，他們必須選擇那些具有潛在價值的計畫，無論是內在價值，還是直覺型的人自身的發展。再者，既然開始，就絕對不能放棄。他們必須堅持下去，直到確定這個想法行不行得通，以及他們應不應該繼續下去。如果一位直覺型的女性寫出一部很好的懸疑作品，然後就停筆，那不是放棄，而是因為創作懸疑作品不是她餘生想做的事，但如果她半途而廢，或者她其實可以好好完成的事情，卻做得一塌糊塗，那才是放棄。

在選擇與堅持這兩方面，直覺型的人需要發展成熟的思考或情感來作為穩定影響。兩者都可以提供給他們一個評估自己靈感的標準，並提供他們堅強的品格與自律，以便遇到更乏味的工作時，能夠堅持不懈。

沒有判斷力的直覺型無法完成事情（這一點特別明顯，因為他們一再重新開始），他們無法像均衡發展的直覺型那樣因障礙受到啟發；他們不穩定、不可靠、容易氣餒；他們很多人也坦然承認，自己不做任何不想做的事。

因此，外向直覺型的人必須盡早開始發展自己的判斷力。這種類型通常在很小的時候就可以看得出來。范・德・霍普指出「這種類型的孩子很快樂，充滿生活樂趣，但帶他們往往十分累人。他們總是在想出新鮮的東西，想像力不斷提出新的可能性。他們對任何事物都有興趣，想知道一切，並且在很小的時候就想成為特別的人」。舉例來說，他們對學校的基本要求不感興趣，倒不如去做一些額外的或不尋常的事情。不過為了他們自己好，引人入勝與意想不到的東西不應該代替基本功。

管教他們並不容易，因為他們從嬰兒時期就享有一種非凡的能力，可以從別人那裡得到自己想要的東西。這份天賦由聰明才智、魅力與理解他人組合而成，這讓他們充滿信心地繼續前進。我曾經對一位三歲小孩說，他媽媽可能會因為他的所作所為而打他屁股。「不會，」他平靜地說。「我媽媽不知道什麼才是對的事。」

長大之後，這種不可思議的評估能力，會使他們成為有能力預測學生未知潛能的老師、根據簡短的面談準確預估智商的心理學家，以及聰明選擇與運用下屬的高階主管。

結合他們對目標的強烈熱情，這種對人的理解可能會讓外向直覺型的人成為非常有效率的領導者，能夠說服他人相信自己願景的價值，並爭取對方的支持與合作。

外向直覺型：輔助歷程為思考（Extraverted Intuition Supported by Thinking）

ENTP型的人比ENFP型的人更有可能朝著高階主管的方向發展。ENTP型在人與人之間的關係中往往是獨立、善於分析、就事論事，他們更常考慮其他人如何影響到自己的計畫，而不是自己的計畫會如何影響他人。他們可能是發明家、科學家、解決問題的人、推動者、或任何一種他們有興趣成為的人。

外向直覺型：輔助歷程為情感（Extraverted Intuition Supported by Feeling）

ENFP型的人比ENTP型的人更熱情，更關心人，也更善於與人打交道。ENFP型的人對諮商工作感興趣，每個新個案都會提出一個需要解決的新問題與需要溝通的新可能性。他們可能是激勵人的老師、科學家、藝術家、廣告人或業務，或任何一種他們想成為的人。

內向直覺型 INTJ 與 INFJ

- ■受到自己內在對可能性的想像所驅使
- ■堅定到固執的地步

■強烈的個人主義，儘管 INFJ 型的人比較沒那麼強烈，因為他們會付出更多努力來讓自己的個人主義與環境達到和諧

■受困難激發，並且最善於解決問題

■願意承認不可能的事情需要花更久的時間，但不會多太多

■比起在前人走過的路上發現的任何東西，他們對開闢一條新道路更有興趣

■受靈感激勵，他們重視靈感高於一切，並且在自己選擇的任何領域充滿自信，科學、工程、發明、政治或建立工業王國、社會改革、教學、寫作、心理學、哲學或宗教

■對於沒有提供靈感發揮空間的例行工作深感不滿

■富有天賦，在他們狀態最好的時候，對事物的深層涵義有敏銳的洞察力，並且有很強的動力

與所有內向者一樣，內向直覺型的外在人格受到輔助歷程的強烈影響。舉例來說，在一個海軍訓練單位裡，兩名最傑出的受訓軍官都是內向直覺型的人。輔助歷程是思考（INTJ）的那位連續三個任期被任命為營長，並成為一位嚴明且高效率的帶兵官。輔助歷程是情感（INFJ）的那位囊括全體學員的三大重要職位：學生會主席、執委會主席與

那一期的學員長。一位極為瞭解他們兩位的女士對比之後指出，如果他們兩個都在一艘被魚雷擊中的船上，INTJ 型的那位將主要負責損害控制，但 INFJ 型的那位主要會關注船員的生命安全，他們兩位都認為她說的對。

內向直覺型的人常是頂尖的研究科學家與設計工程師。雖然 INTJ 型的人比 INFJ 型的人更可能對科學或技術問題感興趣，但只要 INFJ 型的人也感興趣的時候，他們會表現得一樣好。在學術環境中，INFJ 型的人可能會表現得比較好，原因或許是「情感」更傾向於去滿足老師的要求，而思考則可能會批評課程進行的方式，並忽略那些自己認為不相關的事物。

思考判斷或情感判斷絕對有其必要，內向直覺型的人必須為了自己發展這些判斷力，因為他們完全相信自己的直覺，這會讓他們對外在判斷的影響無動於衷。對於內向直覺型的人來說，培養出一種「平衡與支持自己直覺的判斷歷程」，乃是最重要的事。

他們最偉大的天賦直接來自自己的直覺，包括靈光一現、洞察思想與符號意義之間關係的能力、想像力、原創性、從潛意識獲取資源、聰明才智與對未來的想像。這些都是感知方面的內在天賦。如果沒有發展良好的輔助判斷歷程，他們的外在人格只會小幅度發展，或根本不會發展，並且能使用的天賦十分有限。然而，良好的輔助判斷歷程，會將直覺型的感知轉化為對外在世界產生良好影響的行動。

范・德・霍普發現這個問題：「以這種內在知識來說，要為自己感知到的事物找到表達的方式，其實非常困難。因此，對這種類型的人來說，透過教育獲得表達技巧極為重要……這種類型的發展比其他大多數人更慢也更辛苦。這樣的孩子不太容易受到環境的影響，他們可能會經歷一段不確定且內斂的時期，之後他們會突然變得相當堅定，如果他們遇到逆境，可能會表現出驚人的任性與固執。由於內在強烈的自發性，他們經常喜怒無常，偶爾才華洋溢且充滿原創性，然後又變得內斂、固執且傲慢……長大之後，這種類型的人也持續保有一項特徵，也就是他們一方面擁有強大的決心，另一方面又會發現，自己很難將想要的東西表達出來。雖然他們對自己要走的路與人生的意義，可能只有一種模糊的感覺，但他們會固執地拒絕任何不符合該感覺的事物。他們害怕外在的影響或環境會將自己推向錯誤的方向，所以，他們基於自己的原則，會抗拒外在影響。」

因此，誰都無法強逼這些人。未經他們許可，甚至無法告知他們任何事情，但他們願意接受別人提供事實、觀點或理論，供他們自行考慮。必須相信他們卓越的理解能力，才能辨識出什麼才是真的。

內向直覺型：輔助歷程為思考（Introverted Intuition Supported by Thinking）

INTJ 型的人是所有十六種類型中最獨立的，並且或多或少以這種獨立性為榮。

不論在哪個領域，他們都可能是創新者。在商業領域，他們天生就適合打破現狀，直覺賦予他們打破常規的想像力，且對各種可能性充滿無拘無束的看法，外向思考提供他們敏銳的批判組織能力。「不管是什麼，都絕對可以改進！」然而，他們很可能會常離職。他們不喜歡重複相同的事物，並且對成品不感興趣。因此他們需要接連從事新任務，解決更大、更好的問題，以擴展他們的能力。

由於對技術感興趣，他們往往是研究科學家、發明家與設計工程師。他們可能非常擅長數學，尤其是解題，但不像 INTP 型的人那麼擅長純數學的理論。

INTJ 型的人擅長思考問題，而且絕對比 INTP 型的人更擅長解決問題。他們可以把事情做好，但只有問題複雜到具有挑戰性的時候，他們才會感興趣。例行產出會浪費直覺，純理論的研究工作則會浪費外向思考，而外向思考渴望將想法付諸實現。

即使在均衡發展的情況下，他們也容易忽略其他人的觀點與情感。在人際關係中採取批判態度是一種毀滅性的行為，可能會造成自己的私人生活瓦解。他們會努力將自己的批判能力用來就事論事，並用在自己身上，同時努力發展出一定程度的、對他人的共感（他們或許不會稱之為情感）。

內向直覺型：輔助歷程為情感（Introverted Intuition Supported by Feeling）

INFJ 型的人天生就會關心他人，有時候甚至表現得很外向。實際上外向的是情感歷程，而不是他們自己——儘管他們的個性看似相當容易相處，善於與人相處。

INFJ 型的人個人主義通常沒那麼明顯，這不是因為他們的內在願景比較不清晰也比較不引人注目，而是因為他們非常在乎和睦相處，所以會設法贏得（而不是要求）他人接受自己的目標。等到他們誘導他人瞭解、贊同自己並且為了目標而合作，他們已經很自然地將目標與自己融入社群的模式之中。

他們也可能看起來（或他們自己覺得），並不像 INTJ 型的人那麼具有原創精神。當他們把直覺焦點放在人與問題上，就不會像科學的直覺有那麼多機會去關注不可預見的事情。一次洞察人際關係的傑作，可能看起來一點也不原創，而且它會非常準確，以至於看起來太理所當然。

INFJ 型的願景偏向關注人類的福祉，他們也很可能不管社會大眾在幹嘛，而獨自做出貢獻。偶爾，這些個人貢獻會激發出社會大眾的行為，以及宗教運動或者改革運動。

第三部

人格類型的實質意義

第十章

對立偏好的應用

除了非常客觀的讀者之外，某些人格類型的人可能會比其他人更容易對前面提過的類型描述產生同情與認可。每個人的人格類型與其他相似型的人應該會極為契合並相處融洽，因為他們看待或評價事物的角度不謀而合。相反地，完全不同的人格類型則反映出不同的優勢與價值觀，可能就沒那麼契合了。

如果彼此間的關係不夠好，對立的人格類型之間會產生很嚴重的衝突。但當他們瞭解彼此的類型在本質上是對立的之後，通常會減少摩擦。所以，如果史密斯先生如果可以體會到，要瓊斯女士認同自己幾乎是不可能的，那麼意見分歧就突然變得沒那麼煩躁了。因為瓊斯是從不同的角度出發，也朝著不同的方向前進。因此，當瓊斯得出的結論與史密斯自己的結論相去甚遠，這並不是故意唱反調，單純是因為他是另一種人格類型的人。

要能這樣想，史密斯必須牢記一項不爭的事實：瓊斯與史密斯其實各有各的強項。舉例來說，思考型的人會覺得情感型的人缺乏邏輯，因此容易低估情感型的判斷。思考型的人有理由不相信情感，因為知道自己的情感不穩定，而且不是很有用，因此思考型的人會將情感排除在他們的決定之外，並認定其他人的情感沒有自己的邏輯來得可信。事實上，有些時候（例如在決定什麼是大家最重視的東西的時候），「情感型的情感」是一種比「思考型的思考」更有技巧的判斷方式。

同樣地，直覺型的人常會低估實感型的感知力，因為他們覺得實感型的人無法憑直覺處理想法。結果是，直覺型的人不知道實感型的人對現實的覺察，其實比自己敏銳得多。實感型的人也會犯類似的錯誤，他們依靠自己對現實的絕佳把握，容易對所有直覺靈感抱持不信任的態度，因為他們自己未開發的直覺並未給他們帶來太多好處。

理想情況下，對立類型的人在共同執行任務時（不論是職場或婚姻）應該要互補。對問題採取相反的解決方法，可能會讓原本忽視的東西顯露出來。然而，即使大家瞭解彼此的類型差異，太多的對立還是會讓合作變得很困難。最好的同事是那些在感知或判斷上不同（不是兩者都不同）、但至少在其他偏好上相似的人。這種差異是有用的，他們共同的兩、三個偏好則有助於彼此互相理解與交流。

當兩個人在處理特定情況上陷入僵局，問題可能是因為他們的人格類型不同，阻礙彼此間的溝通。當兩個人資訊不對等，或沒有考慮過相同的可能性，或沒有預見相同的後果，則此時每個人對問題都只有片面的瞭解，因此兩人必須把彼此的片面瞭解放在一起，而且兩人都需要用上所有的四個歷程，不管發展得多好或不好：透過實感收集相關的事實、透過直覺瞭解可以採取哪些有用的措施、透過思考來確定後果、以及透過情感來考慮這些後果會對相關的人造成什麼影響。匯集他們各自的感知與判斷，才會有最大的機會，可以找到對雙方都有用的解決方法。

跟各個類型最不擅長的歷程有關的領域，可能是各個類型的人會面臨困難之處。舉例來說，對複雜的問題制定長期政策所需的分析能力，會因人格類型而有所差異。分析需要瞭解基本原則，才可以預見擬定的行動的所有後果，包括那些非故意或不希望產生的後果。因此，思考型的人比情感型的人容易進行分析，而且該思考型發展良好的主導歷程如果是思考，則最容易。思考型的人在剖析提案的時候，會強調因果關係，包括所有可預見的正面及負面影響；情感型的人則容易專注於某種影響的價值，而拒絕考慮缺點。

內向者比外向者更容易進行分析，內向者善於辨別基本原則，把可靠的一般原則當作例子套用在情況上，是他們最好的處理方法；外向者則可以處理更多的情況，也處理得更快，但某種程度上更隨意，思考的時間更少。他們處理得快的一部份原因是，他們本來就對情況瞭解更多。他們處理日常事務的時候，資訊會以一種愉快、有用的方式影響他們。內向者可以透過外向者告訴他們的任何情況，來拓展自己的分析基礎。

對不是思考型也不是內向者的人來說，次好的分析工具是直覺，這是一種可以發現可能性與各種關聯性的強大工具。直覺的速度很快，而且可能會產生傑出的結果。然而，強烈的 NF 型可能不夠實事求是，他們需要一位好的 ST 型負責檢查他們的專案，才能發現他們忽略哪些事實與後果。

不是思考型也不是直覺型的外向者，也就是 ESF 類型，可能會覺得分析很困難。ESF 類型的人可以處理好具體且熟悉的問題，這些問題可以當面處理，而且是基於第一手的知識與個人經驗。他們應該要有自覺：自己很容易根據眼前的情況與其他人的意願來決定事情。因此，ESF 類型的人只需要把新的提案交給思考型的人，就可以幫助自己看清問題長期下來會出在哪裡、違反了哪些原則或政策、建立哪些先例、可能會發生什麼意想不到的後果等等——簡單來說，就是「如果只選擇目前看來容易的方向，會付出什麼代價」。或許，思考型的人帶回來的答案，ESF 類型的人可能不喜歡，但必須要認真看待。

然而，決定政策只是任務的一部份。大家通常還需要將自己的想法推銷給上司、同事與下屬。說服是溝通的一部份，對外向者與情感型的人來說最簡單。外向者喜歡自由表達自己的想法，所以他們的同事只要傾聽就會瞭解情況。而內向者的同事們對於問題的瞭解，比內向者自己以為的少得多，所以除非內向者把想法清楚傳達給同事們，否則無法說服他們。

情感型的人喜歡很有技巧地表達自己的想法，因為他們追求和諧，所以他們會事先考慮對其他人的影響，並且會為特定聽眾而特別訂製一番說法。因此，他們的建議往往比思考型的建議更受歡迎。除非思考型的人比照自己對因果關係的重視，而同樣重視人際關係，否則他們對人的認識不會太深。當他們冷靜且客觀地闡述自己的觀點，沒有考慮任何其他人的觀點，他們經常會收到意想不到的異議。

除非確實理解了他人的觀點，否則一般人無法欣賞別人的看法。感知型的人比判斷型的人更容易理解他人的觀點，因為他們更常停下來傾聽。

沒有哪個類型什麼都好。內向者與思考型的人雖然可能做出最有意義的決定，但其他人可能也最難接受他們的結論。對立的類型最適合溝通交流，但不擅長確定彼此要溝通的真相是什麼。

為了達到最大的效果，所有類型的人都必須在自己既有的天賦中，適當增加對於「對立偏好」的應用——無論是應用在他人身上，還是在自己身上發展控制良好的對立偏好。前者的例子可參見圖32；後者則是人格類型發展的最高階段。當個人能夠完全控制自己的主導與輔助歷程，他們就會瞭解自己的優勢，並熟練地運用這些優勢。如果人可以學會怎麼運用對立偏好，並在適當的時機加以使用（例如，當他們發展最好的歷程無法適用的場合），就可以漸漸熟練運用對立偏好，在需要的時候自動從「天然」的表現切換到「適當」的表現。切換很困難，但若能理解為什麼自然與自動的反應不一定是最好的反應，就會更容易達成。

舉例來說，思考型的自然歷程不適合用在與情感型的人際關係中，因為思考型的人隨時準備好要批評他人。當思考型的人將批評套用在自己的行為或結論上，批評就很有價值；但對於需要和諧氣氛的情感型來說，批評就具有破壞性的影響。

情感型的人十分需要同情與欣賞。他們希望其他人瞭解自己的感受，對自己的情感能夠同理，或至少認同這種情感的價值。他們希望其他人認可自己與自己珍視的人、事、物。友善，會帶給他們溫暖與生命力，而敵意則帶給他們痛苦與心灰意冷。他們討厭與自己重視的人產生分歧，即使只是暫時的也是一樣。

恣意的批評會讓情感型的生活充滿壓力。諷刺的是，情感型的人每次嘗試為自己辯護，都會讓情況變得更糟，辯護、爭論與反擊只會導致更深的敵意。此時可以說情感型的人一開始就輸了——因為和平與和睦相處是他們的目標。有些情感型人只是偶爾採取防禦措施，通常會默默忍受批評，另一些則會試著為自己辯護或反擊思考型的人。不論是哪一種，傷害都已經造成。

圖 32 對立類型對彼此的效益

直覺型需要實感型的人這樣做	實感型需要直覺型的人這樣做
提出相關事實	帶來新的可能性
應用經驗解決問題	為問題提供原創性
閱讀合約中的細則	判讀即將發生變化的跡象
注意當下需要注意的的事情	看看如何為未來做準備
保持耐心	保有熱情
追蹤基本細節	留意新的要件
以現實主義面對困難	以熱情解決難題
提醒直覺型：及時行樂很重要	證明未來的歡樂值得追尋

情感型需要思考型的人這樣做	思考型需要情感型的人這樣做
分析	說服
組織	和解
提早發現缺失	預測他人的感受
改革需要改革之處	激發熱情
始終如一地貫徹政策	指導
衡量「法則與證據」	推銷
在必要時解雇員工	宣傳
面對異議立場堅定	欣賞思考型的人

若能清楚知道這些傷害並加以避免，或可改善情況。情感型的人可以盡量避免把批評理解為「是針對我」，其實批評的目的往往不是攻擊，只是一種自我表達的形式而已。

思考型的人可以做三件事情來控制自己的批評可能造成的傷害。首先，如果知道批評也不會帶來好處，那就不要批評。其次可以小心，不要誇大自己想要糾正的錯誤。這點很重要，因為外向思考型的人往往為了強調而誇大其詞，而受害者會因為不合理的誇大而憤怒，以至於無法注意到批評的真實部分。第三，可以記住情感型的人如何回應同情與欣賞，任何一種都可以大大緩解必要的批評，但思考型的人必須先表達同情或讚賞。

第三種技巧在家庭與工作中都有效。「我認為你們對瓊斯的看法都錯了」與「我理解你們為什麼有這種感覺，但我認為你們對瓊斯的看法可能有誤」之間存在關鍵的差異；或者「貝茲當然會失去這個職位，他永遠都不應該做出……」與「失去這個職位對貝茲來說很不好受，他永遠都不應該做出……」也是。

通常，思考型的人在某種程度上確實瞭解另一個人的感受，並且確實認為失去這個職位對貝茲來說很不好受，儘管是貝茲自己造成的。如果思考型的人不嫌麻煩，也可以提到那些可以緩和的情況。從人際關係的角度來看，它的價值遠遠超過其所帶來的麻煩。先表達一點點的同情或讚賞，將思考型的人與情感型的人「變成同一國」的人；而此時情感型的人因為渴望「和你在同一國」，因此會盡可能與思考型的人意見一致。

這種技巧操練熟了就能發揮妙用，時間一久，就變成自動化反應。思考型的人只需要努力提起自己真誠地同意或贊同的觀點，然後再討論分歧點。他們會驚訝地發現，大家很少在分歧點上與他們爭吵，而他們自己被忽視的情感面也會得到滿足。

思考型的人可以忍受自己適當且簡短的輪流使用對立的歷程（亦即情感），因為情感歷程正在為思考服務，情感有助於讓其他人接受思考型的想法與目標。思考並沒有退位，只是稍微授權給情感。

相對之下，情感型則是可讓思考來服務情感，短暫交替使用。舉例來說，以邏輯形式來概述由情感判斷所決定的想法與目標，透過邏輯論證來支持這些想法與目標，以獲得思考型的認可，或者預見某些珍貴的作品將會遭受批評，便修正錯誤。就算努力避免卻還是招致批評的時候，情感型的人甚至可能會用思考來分析批評，並從中吸取教訓。

不管他們多想合乎邏輯，情感型的人永遠都不夠有邏輯，無法評估吸引他們的事物所需的所有代價。如果他們能請教真正的思考型，聆聽最壞的情況，就可以從中受益。思考型的人則應該認真考慮他人提議當中的優點，雙方可以互利互惠。

然而，情感型的人應該要言簡意賅。最讓思考型心煩意亂的特徵可能是情感型的人容易說太多無關緊要的內容、太多細節與不斷重複。有話要說的時候，思考型的人希望簡潔明瞭。正如一位父親所說，外向情感型的人往往沒有「終端設備」。

實感型的人與直覺型的人是另一組可以互利的對立類型。實感型的人相信現實，直覺型的人則相信可能性。由於每個人都將注意力集中在各自相信的事物，他們很少從同一個角度看事情。尤其是當實感型的人比直覺型的人有權勢，而直覺型的人又拿出一個超讚點子的時候，觀點的差異就會非常明顯，常常會讓人生氣。直覺型的人喜歡以適合其他直覺型的粗略形式呈現想法，並期望實感型的聽眾專注於要點，忽略那些粗略的細節。可是實感型的自然反應是專注於缺少的東西，因此會認為這個想法行不通（那種粗略的形式當然行不通），然後斷然拒絕。直覺型此時會很挫敗，因為白白浪費了一個不錯的想法，而實感型的高階主管此時就得面對充滿怨恨的直覺型下屬。

如果其中一方表現出對於對立歷程的尊重，就可以避免衝突。直覺型的人應該夠實際，知道實感高階主管的反應可能會如何，並為此作好準備，擬好提案的細節，並以無法辯駁的形式整理出必要的事實。然後，理解實感型的人對邏輯秩序的重視，直覺型的人應該要先強調新想法能夠解決什麼問題。（而與直覺型的主管打交道的時候，員工應該避免鼓勵主管思考問題，以免自己提出的解決方案被主管新的臨時建議搶先一步。）

實感型的人應該要給直覺型的想法一個嘗試的機會，雖然不一定要認同想法會有用。實感型的主管可以說：「這個想法可能會奏效，如果能夠滿足這樣的條件……」然後從自己的經驗出發，提出反對意見並問：「你會如何處理這些問題？」直覺型的人此時快樂地專注在障礙上（而不是不開心地專注在主管身上），通常會創造出有價值的解決方案——雖然直覺型的人這樣做，可能會將最初的想法修改得面目全非。

由實感型的現實主義來評估直覺型的專案，不僅可以避免人格衝突，也會帶來正面的收穫。如果直覺型的人能夠培養一些現實主義，他們就可以使用自己的實感來檢查事實，提高自己的效率。為了自己的專案，直覺型的人可以容忍歷程交替使用。

相形之下，實感類型可以使用直覺來審視未來的目標與可能性。他們可以為這種不符合自己作風的白日夢辯護，理由是總有一天，會有一個狂熱的直覺型會試著改變一切，而他們作為務實的人，應該要做好準備，把事情導向明智的方向。輪流使用雖然很有用，但對未來最清晰的願景只會來自直覺型；最實際的實踐只會來自實感型；最精闢的分析只會來自思考型；最棒的人際關係技巧只會來自情感型。

第十一章

人格類型與婚姻

夫妻之間的類型差異可能會引起摩擦，但如果瞭解其根源，就可以減少或消除這種摩擦。本章的內容並不是要阻止你去和對立類型的人成婚，但這樣的婚姻基礎，應該是要充分瞭解另一個人與自己不同，並且有權保持不同，同時完全願意將注意力放在對方類型的優點，而不是缺點。

人格類型在尋找伴侶與婚姻選擇中扮演的角色，一直存在某些爭議。俗語說物以類聚。總體而言，相似處多於差異的夫妻，較能相互理解，因此也應該就越能相互吸引與尊重。在一九四零年代所收集的三百七十五對已婚夫妻人格分類指標中，最常見的情況是夫妻在四種偏好中有三種偏好相似，而不是機率預期的兩種。[12]

另一方面，榮格談到外向者與內向者時說：「雖然很可悲，兩種往往會說彼此壞話的類型……經常會發生衝突；然而，這並不能阻止大多數的男性與對立類型的女性結婚。」瑞士的婚姻顧問普拉特納（Plattner）寫道，在大多數的婚姻中，都是外向者與內向者成婚。兩位榮格分析師格雷與惠萊特（Gray and Wheelwright）提出「互補性配偶」的理論。

上述這些婚姻中產生的明顯衝突就是證據，足以說明一切。剛剛引用的觀察者都是以他們在工作中看到的婚姻為證，這些來諮商的人往往陷入婚姻問題或心理問題，或兩者兼具。據說榮格曾評論：「當然，我們分析師必須處理不少婚姻問題，尤其是那些出問題的婚姻，因為有時候類型差異太大，而且他們完全不瞭解對方。」

針對超過三百對夫妻的研究

如果分析師看到的婚姻是因為類型差異過大而出問題，那分析師與婚姻顧問遇到的對立類型會比成功的婚姻還多，這可能會證實以下論點：擁有兩個或三個共同的偏好有助於婚姻成功，並減少對諮詢的需求。

在我們統計的三百七十五對夫妻中，四種偏好的相似度明顯多於差異。最常見的相似性出現在 SN 上，這代表他們以相同的方式看待事物，不論是透過實感還是透過直覺，比在 EI、TF 或 JP 上相似，更能使男性與女性相互理解。

夫妻的百分比分布如下：

所有偏好都相同	9
三種偏好相同	35
兩種偏好相同	33
一種偏好相同	19
沒有偏好相同	4

偏好大致相同的夫妻數量多於大致對立的夫妻數量，比例為二比一。在所有偏好都相似的夫妻中，大多數是情感型的人，並且可能在選擇配偶的時候，會有意識地把「和睦相處」設為目標；而在所有偏好都不同的夫妻中，幾乎所有的丈夫都是思考型的人。

兩個人在婚姻中的實際相似度，可能遠遠低於他們的預期。在這方面，外向的未婚男性，會比內向的男性有明顯的優勢。他更瞭解人，更常與人交流，認識的女性也更多。他的選擇範圍更廣，並且可能對自己的選擇有更清晰的認識。這種更廣泛且更明智的選擇，可以解釋為什麼百分之五十三的外向丈夫與他們的妻子至少有三個共同的偏好（相形之下，只有百分之三十九的內向丈夫有相同的情形）。

偏好對婚姻選擇的影響似乎因類型而異，具有外向情感的 FJ 型顯然是最在乎 EI 相似度的男性，FJ 型應該最有同情心且最關心和睦相處。因此，FJ 型的追求者可能對伴侶是否與自己有相同的偏好更敏感，這反映在娛樂、閒暇時間的運用與社交活動上。這樣的人可能會有意識地想與興趣幾乎相同的人結婚。在一九四零年代進行的一項研究中，百分之六十五的情況為，丈夫是 FJ 型，他與妻子在 EI 上相似，而所有其他類型相似的情況加起來為百分之五十一。

最可能與 EI 對立型結婚的男性是思考型的人，他們這樣做可能是出於害羞，而不是其他任何原因。也許每當有一位有意識地選擇內向安靜女性的內向男性，就有一位男性在不知不覺中被外向女性選擇。他的類型在建立新友誼的時候，尷尬經常困擾著他，但她的社交能力會彌補這一點。

不管婚姻中誰是外向，誰是內向，社交能力的差異都可能會導致問題。外向者對積極社交的渴望與內向者對隱私的渴望背道而馳，尤其是內向者的工作需要社交的時候。白天的工作可能已經耗盡所有的外向性，家代表保持平衡所需的平靜與寧靜的機會。如果外向的配偶想出門，邀請別人來家裡，或者至少花時間在家裡聊天，可能就會產生挫敗感。對內向者來說，沉默與一些安靜思考的機會是不可或缺的，也需要伴侶的合作。這種需要很難解釋，但除非得到解釋，否則外向者不可能理解。一旦伴侶瞭解彼此對安靜或社交的需求，他們通常可以做出有建設性的調整。

TF 的相似度應該是最難達到的，因為在我們的文化中，情感型的女性比思考型的女性多，思考型的男性比情感型的男性多，雖然這些差異可能正在縮小。在這個一九四零年代的案例中，找不到足夠的情感型男性來配對所有的情感型女性，也沒有足夠的思考型女性來配對所有的思考型男性。最多只有百分之七十八的夫妻可以在 TF 上契合。

儘管如此，如果男性是外向者，則百分之六十二的夫妻在 TF 上是相似的；如果他是內向者，則百分之四十九是相似的；在夫妻都是外向者的情況下，TF 的相似度上升到百分之六十六，考慮到最多只有百分之七十八，這個比例已經很高。

外向者可能會比內向者更早發現差異對 TF 的影響。外向者的特點之一就是直言不諱，如果思考型的人直言不諱說出批評，傷害了情感型的感受，而情感型的人又直言不諱地表達那些受傷的感受，激怒了思考型的人，那麼不妨分手並試試其他的關係。

JP 的相似度似乎主要對三種外向型的人很重要：百分之六十五的 ENTP 與 ENFP 型的丈夫（以自發性為生）娶的是觀察力很好的妻子；百分之九十三的 ESTJ 型丈夫（以系統、組織與果斷為生）娶的是喜歡品頭論足的妻子。在其餘的夫妻中，只有百分之五十二的人在 JP 上相似。在婚姻中同時具有判斷與感知有實際的好處，很多決定都可以輕鬆地交給喜歡做決定的伴侶。

SN 的相似度對所有類型來說都很重要。最高的相似度是百分之七十一，出現在妻子喜歡思考而不是情感的夫妻中。顯然，相信邏輯的人更偏好具有相似取向的配偶。

整體來說，與內向男性相比，外向男性因為交友廣闊，所以在婚姻中會有更多相似之處。他們在四種偏好的相似度從百分之五十八到百分之六十六不等。除了 SN 的百分之六十二之外，內向男性的相似度百分比只有百分之四十九到百分之五十二。

以上是從三百七十五對夫妻的研究中所得出的結論。當然，這只是初步結果，調查對象多為大學畢業學歷或家有大學生的家長，他們都是自願參與，年齡從十七歲到八十五歲不等。大多數的婚姻關係開始於一九一零至一九五零年，除了少數最年輕的受試者之外，所有受試者都是在婚後接受人格分類指標測驗。

幾個重要的結論

透過對這些樣本的分析，可以得出幾個結論。在這些沒有遭遇明顯困難的婚姻中，夫妻在所有四種偏好上的相似度明顯多於差異性。這項發現與精神病學家、婚姻顧問的觀察形成鮮明的對比，他們所看到的婚姻表現出更多類型差異，而不是相似之處。**相似度似乎有助於婚姻的成功**。

共同的偏好讓人際關係變得簡單。共同的偏好是一條捷徑，使我們容易瞭解對方，因為**理解相似之處比理解差異更容易**。**當大家理解並欣賞與自己類型相近的人，在某種程度上也是在欣賞自己最好的特質**，這會讓人感到愉快且更有成效，儘管可能不如欣賞與自己截然不同的人來得有教育意義。

即使只有一個共同偏好，如果夫妻都付出必要的努力去理解、欣賞並尊重彼此，婚姻還是會非常美滿（我可以掛保證）。夫妻不會將彼此之間的差異視為自卑的象徵，而是將其視為人性中有趣的變化，從而豐富他們的生活。正如一位年輕的 ISTJ 型丈夫談到自己 ENFP 型的妻子時說：「如果她跟我一樣，那就沒有任何樂趣了！」

理解、欣賞與尊重讓婚姻美滿且可能天長地久。類型的相似度不是全部，它們只是都導向這三個結果。沒有上述三者，大家會一再墜入愛河又失戀；有上述三者，男性與女性會對彼此越來越有價值，並且知道自己正在為彼此的生活做出貢獻。他們有意識地更加重視對方，並且知道自己也獲得重視，每個人都能在世界中過得比孤軍奮戰還好。

當然過程當中也會遇到問題，像是伴侶的缺點。這些缺點可能只是伴侶最令人欽佩的特質的相反面。情感型的男人可能極為看重他思考型妻子的實力、在危機中保持清醒、以及面對可能的災難時保持鎮定。思考型的人傾向忽略小事，只有在他們想到應該要做什麼或早就應該做好什麼的時候，才會注意到小事。思考型的人可能會愛上情感型的溫暖、反應快，這些特質可以餵養思考型的人自己不飽滿的情感。情感型的伴侶不會停下來考慮每句話與每個動作背後的邏輯。**就算是最好的特質也常常會產生麻煩的副作用，可能會惹惱那些不明白原因的人，但與帶來副作用的「最好特質」相比，這些副作用根本微不足道。**我小時候有一個鄰居，她經常抱怨丈夫的缺點。有一天，我母親問她，她真正希望丈夫改變的是什麼，她卻一時之間說不出答案，最後才說：「你知道，他臉上有一道很深的傷疤，我不覺得怎麼樣，但他卻覺得很困擾。」

重點是**欣賞彼此的優點，並表達自己的欣賞**，不一定要用華麗的詞藻來表達。有些人理所當然地認為伴侶知道自己對他們的欣賞，不過最好還是偶爾得明確說出自己很欣賞對方。如果難以表達對大事情的欣賞，可以說出對小地方的欣賞。像是「我喜歡你笑的樣子」、「我今晚環顧全場，為你的表現感到驕傲」、「這是會議上提出的最好建議」、「你確實都會想到怎麼為別人做最好的事」等等。說過的話，都會被記住。

當衝突爆發的時候

敵意有時候會在兩個彼此相愛的人之間突然爆發，而且誰也不知道為什麼。如果雙方都對陰暗面有所瞭解，衝突的傷害就會減少，伴侶看得見陰暗面，但當事人自己看不

到。（見第九章開頭）

榮格認為，一個人因為陰暗面而做出的行為，不應該視為「他這個人就是會這樣」。要做到這點顯然很難，但在婚姻中卻很重要。如果單從表面看一個人陰暗面的行為，伴侶不僅會感到受傷，會想要埋怨，而且這種怨恨可能會啟動伴侶自己的陰暗面。對親密關係造成嚴重傷害的是，這可能會導致激烈的相互指責——不是在伴侶之間，而是在他們的陰暗面之間。

這種衝突升級可能在夫妻都是情感型的婚姻中最為嚴重，陰暗面的爆發會對他們的和諧造成反常的破壞。然而，如果他們瞭解正在發生的事情，就可以把傷害降到最低。一個人的陰暗面爆發的時候，伴侶可能判斷得出來是否是故意的，並聽從榮格的建議，別把這個行為理解為他就是這麼壞。潛意識的陰暗面爆發，這是無法避免的，因為沒人知道何時會發生，但如果自己有聽到陰暗面所說的話的回音，或者在伴侶臉上看到陰暗面的倒影，就可以做出彌補。「那是我的陰暗面，對不起。」

情感型的人與思考型的人結婚，要避免幾個陷阱。首先，情感型的人要避免話太多，情感型的人很容易對思考型的人講太多話。而思考型的人則不應該太冷漠，因為思考型的人常會覺得，自己都與對方結婚了，這不就一勞永逸地表達出了他們對配偶的愛了嗎？這不就說明了，他們每天的日常行為都可以證明自己關心配偶幸不幸福（思考型的人甚智慧覺得，稱為「幸福」可能有點感情用事）。因此在他們看來，對配偶的愛，以及幸福的關切，都不用多說了。

舉例來說，一位相當忙碌的 NTP 型每次出差的時候，晚上都會小心翼翼地打電話回家。她會詳盡地詢問家裡的情況，因為可能會出現一些她可以幫忙解決的問題，最後她的 ENFP 型丈夫會改變話題。「妳沒有要說妳愛我們嗎？」她會覺得很困惑，為什麼自己需要說她愛他們？如果她不愛他們，她根本就不會關切自己正在詢問的這些家務事！當然，她的丈夫從邏輯上也可以知道「她愛家人」的結論，但他不想推理，他就是想要聽她說。

其次，情感型的人需要情感的滋養，思考型的人則不太關心情感，更關心因果關係。思考型的人為了避免錯誤，會從行動往前眺望，看看可能產生哪些效果，這是很有利的預防措施。如果狀況不順利，他們還會回顧可能的原因，以便發現所犯的錯誤，並努力確保不再犯相同的錯誤。

當他們自己犯錯的時候，會從中受益，因為他們可以按照自己覺得合適的方式來改變自己的行為。然而，如果他們試著透過批評來改變情感型伴侶的行為，那很可能沒用，而且代價很高。情感型的伴侶可能會做出防禦性的反應，而且這個防衛性的回應會持續很久，久到使得思考型的人無法冷靜容忍的程度。這樣除了讓思考型的人感到沮喪，並讓情感型的人受傷之外，什麼目的也沒達成。

另外，在思考型與情感型的婚姻中，如果思考型的伴侶深切希望情感型伴侶的行為有所改變（亦即，思考型的人真正在意的那種改變），思考型的人所能採取最好的方法是完全避免批評，然後盡可能簡單表達（盡量表達得好一點），自己是如何需要、如何渴望對方做出改變。如此一來，情感型的伴侶就會有明確的動機去努力，並且樂意去做。「我的配偶喜歡我這樣做！」這樣的想法對情感型有很大的滋養效果，但「如果我做不到，對方就不喜歡」的想法則完全沒有滋養效果——前者是表揚自己的優秀，後者是責備自己的表現低於標準。**在任何婚姻中，這種方法都可能比批評更有效**。沒有什麼要求，只是在尋求一些伴侶有能力給予的東西，而且十分渴望對方給予。

許多思考型在批評時，並不期待對方改變，思考型只是從一個想法轉到另一個想法的時候，隨口說出那些批評。即使思考型的人注意到自己愛批判的傾向，並在自己的工作時間與社交接觸中謹慎地遏止自己，他們（尤其是TJ型的人）也會覺得自己在家裡有權，強行、生動地發洩壓力，並為了強調而以自己特有的誇張來表現。他們隨意批評的目標可能是自己的朋友、親戚、宗教、政治、對任何主題的看法，或者純粹為了逗樂自己而說的話。以這種誇張的形式所說出的批評，都不是真的。情感型的伴侶常常會試著為某件事或某個人辯護，來對抗這種過分嚴苛的批判。思考型應該要堅決克制自己這種批評的誘惑。

為了家庭和睦，情感型的伴侶要學會處理這種「對話批評」的藝術，這很重要。這種批評並沒有指出真正應該改正的事情，而只是表達思考型的消極觀點（「我不懂你怎麼能忍受像瓊斯這樣的傻瓜！」）。情感型的伴侶需要讓思考型的人表達負面觀點，同時不秋後算帳。

情感型的伴侶不應該為了幫瓊斯辯護而開始爭論，但同時也不希望自己看起來好像同意這句話。此時可以對思考型的話輕鬆一笑置之，認可思考型的人有權保有任何他喜歡的意見；或者可以說出像是「瓊斯也有優點」之類愉快且隨意的評論——這等於是讓情感型伴侶自己也擁有有權利去表達自己的情感。或者乾脆利用語氣結束這個話題。

有時候思考型伴侶的批評實在太兇狠了，使得情感型覺得天旋地轉，站立不住。此時除了讓情感型伴侶覺得自己的世界要毀滅了之外，至少還會造成兩種可能；一種是溝通失敗的言論，思考型的伴侶口是心非，也沒有感受到情感型的伴侶所感受到的，才會說出那種話；另一種更可能發生的是，話並不是思考型的人說的，只是思考型的陰暗面。

在任何婚姻中，類型差異都會導致對立觀點之間的直接衝突。發生這種情況的時候，伴侶們可以在以下的情況中做個選擇：單方或雙方都可以認定「對方的不同」是錯誤的，並且因此義憤填膺——這樣會貶低對方；單方或雙方也可以假設「自己的與眾不同」才是錯誤的，並且感到沮喪——這是自我貶低；或者他們可以承認**每個人與另一個人的不同之處都很合理且有趣**，並且享受這些不同。根據他們的人格類型，他們的樂趣可能溫暖或客觀，諷刺或溫柔，但都有助於解決問題，並保有伴侶的尊嚴與珍貴的婚姻關係。

第十二章

人格類型與早期學習

人格類型與教育之間最顯著的關聯性在於，在大多數的學術領域中，直覺型的人享有明顯優勢。他們偏好接受高等教育，如第三章人格類型列表中可以看出。

直覺型的人最常出現高等學術的能力與興趣。這不只是事實，更是學習機制的線索：直覺型的孩子究竟做了什麼事，讓學習更容易、更有趣？如何幫助更多的孩子做到這一點？

「直覺 intuition」這個英文字是從拉丁字根直譯過來，它是一種內心的觀察。在人格類型的術語中，直覺是對個人潛意識歷程的感知結果。就像實感型的特殊領域是實體環境一樣，直覺型的特殊領域是潛意識，洞察力就是來自潛意識。

所有的孩子都有能力在潛意識層次上，非常快速地執行特定的操作。他們在聽、說、讀、寫的時候，經常使用潛意識將符號轉化為意義，或將意義轉化為符號。潛意識另一個常見的用途是，從記憶中擷取資訊。每個人都經歷過腦袋一片空白，顯意識與潛意識之間的溝通突然消失，突然想不起來某個名稱的時候，然後又會同樣突然地在一瞬間就想起來了。

不少潛意識能力的使用都具有創造性，而不是例行公事。孩子問自己「為什麼」或「怎麼做」的時候，他們問的是自己顯意識的頭腦以前不知道的東西，這是一種在潛意識中的洞察力，必須透過重新組合頭腦內的儲存資訊來建構。這些要求是由直覺型的人提出的，有時候是為了尋找關聯性、尋找解釋與可能性，其他時候只是為了服務實感型、情感型或思考型的人。無論要求是什麼，直覺型的人都會讀取潛意識的產物。

符號、記憶與洞察力的可靠性，取決於潛意識中儲存的內容是否充足。兒童的潛意識會接收三種新的材料：一、待分類、待儲存，以及與過去儲存的資訊相關的新資訊；二、準備轉化為原則的新見解，讓孩子能夠對新的資訊進行分類、找出關聯，並儲存在有意義的脈絡中；三、需要根據所有相關資訊與見解來回答的具體問題。

所有吸引（或強迫吸引）孩子注意力的新資訊都會被潛意識利用，但不一定會常保效用。要學習新事實或新想法（也就是達到永遠都能回想的境界），孩子必須付出足夠的注意力，將其牢記在心。所需的注意力有時候是一次性的，例如透過被蜜蜂叮的經驗來學習；但更常見的是透過逐漸強化，例如透過死記硬背來學習更多事實，或從新詞彙的前後文來學習這個新詞彙的含義。

不同的孩子在學習歷程上需要多少專注力，取決於孩子的潛意識洞察力。如果孩子還沒有足夠的洞察力去理解新資訊、將新資訊與已知資訊聯繫起來，就無法把新資訊儲存在有意義的脈絡裡。此時新資訊就會跑進一種混沌狀態中，在這個混沌裡面到處都是凌亂的、不相關的事實，難以理解，難以記憶，沒有趣味，並且需要擠出極為巨量的注意力才能加以學習。如果孩子確實具有將新資訊與已知事物聯繫起來所需的洞察力，則只需要付出適度的注意力就可以學起來。如果新資訊本身很有趣、令人驚訝或很好笑，則可能根本不費吹灰之力就學會了。

孩子對一般原則的洞察力，可能來自外在資源，也可能來自自己的潛意識。年幼的孩子缺乏儲存的資訊，可是潛意識應用的很多原則，都需要由這些資訊產生。為了以最好的速度學習，每個孩子都需要他人的幫助才能掌握這些原則。

越早幫助孩子越好。儘管出生的時候，孩子處理資訊的能力有限，但在最初的兩、三年內，孩子會獲得更多對智力發展來說不可或缺的技能。到三歲的時候，有的孩子可能已經建立一種「以渴望理解來迎接未知事物」的模式，有的孩子則可能已經習慣了「經常不理解」，並認為這是一種生活方式，甚至不在乎自己是否理解。

一流的認知心理學家都同意，兒童在最早的這段時期接收的資訊相當重要。赫布

（Donald Hebb，一九四九）在研究大腦生理學的時候，明顯區分出主學習（primary learning）與後續學習，主學習是嬰兒最初建立的自主中樞過程（autonomous central process），一般認為是思想與智力的基礎。建立這些基礎後，後續學習才可能發生。皮亞傑（Jean Piaget，一九三六）詳細觀察兒童的智力發展，發現嬰兒的興趣就像池塘裡的漣漪一樣擴散開來，隨著看到與聽到的新事物越多，孩子就會對看到與聽到的新事物越感興趣。布魯納（Jerome Bruner，一九六零）的研究幾乎涉及教育的所有層面，他的研究中包括一項關於新生兒如何學習相關感知（correlate perception）的研究。亨特（Earl B. Hunt，一九六一）認為學習是一項需要全神貫注的運動，他指出，出生的頭幾年描述為最重要的幾年，「所以我們的想法是，從出生開始就這樣做，讓孩子在成長過程中保持興趣，以這種方式來管理孩子的生活」（派恩斯 Maya Pines，一九六六，頁四十八）。

想想看，從出生開始會發生什麼事。在最初的幾天裡，嬰兒遇到的資訊都是獨立的、不相關的感官印象，嬰兒對潛意識發出的第一個詢問，可能是尋求線索，任何線索都可以，以瞭解那一堆亂哄哄的、困惑的感官印象代表什麼意義。如果潛意識可以向嬰兒回報「它們似乎是不斷出現的東西」，那這種洞察力會馬上在顯意識與潛意識的層面上發揮作用。作為潛意識的技能，它提供嬰兒組織資訊的最初基礎。新的感官印象會開始根據「不斷出現的東西」中最獨特的那些進行分組。事物（從不同角度）的外觀會與它的觸感、味道與聲音聯繫起來，這些訊息會儲存在一起，做為未來洞察力的判斷材料。從嬰兒的顯意識角度來看，對「事物」存在的洞察力，有助於將周圍的混亂分解為夠具體的小部分，以供思考。「所有這些是什麼東西？」會變成「那是什麼？」後者是比前者更有趣的問題，更值得密切關注，

寶寶自此開始認識事物與人。如果寶寶常常能夠看到並觸摸到比較好認與大到足以引起注意的物體，他們會更快獲得這種技能。一大塊單一的顏色，會優於一堆顏色的組合，後者的輪廓容易隱藏起來，而一大塊單一的顏色則能在背景中脫穎而出。移動也能將物體與背景區分開來，增加趣味性，甚至戲劇性，嬰兒喜歡看東西消失再回來。

正確認人對嬰兒來說，比父母以為的還難。印度的母親將嬰兒背在背上，他們從一開始就認為人是直立的，但嬰兒床上的嬰兒會將人視為水平物體，仰躺的嬰兒會看到水平的母親靠在他們身旁。在他們的側面，他們會看到水平的人在垂直的地板上走來走去。（讀者可以將頭傾斜九十度來模擬這種體驗。）直到嬰兒可以獨立坐著，才有機會首度以這輩子都將會採用的方式來觀看這個世界。在此之前，他們花了六、七個月的時間，建構家庭與環境的形象，結果完全錯誤。

只要稍加注意，父母就可以讓寶寶的早期感知與現實相符。嬰兒在換衣服、洗澡或著裝的時候，腳會朝向父母，這時候嬰兒會看到父母是直立的。拍嗝的時候照鏡子的嬰

兒，會看到自己是直立靠在父母的肩膀上。嬰兒大到可以抬頭的時候，父母可以將他們放在肚子上並轉動嬰兒，讓他們可以好好看一看，在這個姿勢下，他們可以看到其他人直立行走。在嬰兒座椅上，他們也可以看到正在發生的事情，並在腦海中形成一組永遠合理的影像。

潛意識用來組織新資訊的另一種主要洞察力是「特定事件發生在其他事件之後」。我們家的嬰兒在兩週大的時候就知道，他舒服地裹在毯子裡之後，很快就會餵奶。只要毯子開始圍住他，他就會停止大哭大鬧，並張開嘴準備喝奶。一旦嬰兒下意識地理解一連串的事件，這些值得記住的順序就會被歸檔，因為可能會重複出現。那些不斷重複的事件，會讓嬰兒對有生命與無生命事物的行為產生新見解。在顯意識的層面，嬰兒在自己可能引發的每一件事上，都會嘗試建立順序。「如果我……會怎麼樣？」他們第十次將手搖鈴從嬰兒床中扔出去的時候，寶寶會觀察這次是否有人會撿起來，或者他們可能會很高興，因為他們覺得手搖鈴會再次掉到地板上，結果也確實掉到地板上了！

寶寶自此開始發展理性預期與有目的的行為。嬰兒發展預期與意圖的速度，大致上取決於他們自己可以為事件帶來什麼多樣性與吸引力，而這又取決於他們接觸到的材料的多樣性與吸引力。任何會對嬰兒做的事情產生反應的物體都很有趣，舉例來說，搖晃的時候發出嘎嘎聲，擠壓的時候發出尖叫聲，重擊的時候發出爆炸聲，或從鬆緊帶上懸掛下來，鬆開的時候發出劈啪聲，或者最棒的是，拉到發出咔聲的時候會發出亮光或熄滅。

每一次這樣的接觸，不僅會增加嬰兒對事物行為的瞭解，也有助於建立終生的信念，相信探索是有趣的。

在發展語言能力之前，對探索的刺激必須是實體的，或者像皮亞傑所說的感覺運動（sensorimotor）。因為還不可能直接溝通，所有的新想法或新見解都必須由嬰兒的潛意識產生，所以僅限於可以在圖像或其他感覺印象中想到的東西。

當「文字富有意義」這項重要的領悟出現後，語言之路從此開啟，寶寶也就向前邁出一大步。外在的語言使人可以溝通，兒童提出的問題以及父母的回答、故事與解釋，會將兒童的經驗擴展到當下的環境之外；內在的語言則讓兒童與自己對話，他們可以準確地向自己的潛意識陳述想法與問題，如果他們仍然只能用圖像思考，便無法達到這樣的精準度。

瑪雅．派恩斯（一九六六）引用過一些實驗，在這些實驗中，「知道『紅色』這個名稱的一到兩歲半兒童，比不知道『紅色』這個名稱的兒童，更容易找到紅色帽子底下的糖果。事實上，他們只需要三分之一的試驗次數就找到了」（頁一八七）。知道物體的名稱有助於他們專注在相關的細節上。在另一個實驗中，孩子無法辨別兩隻翅膀花紋相似的蝴蝶，直到給予它們不同圖案的口頭標籤：斑點、條紋等。因此，嬰兒習得的每個詞彙都會聚焦在一個額外的顯意識區域，並增強他們思考事物的能力，包括觀察、比較、分類與記憶。新詞彙也會提高他們的學習速度，即使是在不需要使用外在語言的任務中也是如此。自此開始發展語言能力，許多能力也都取決於它。

對於直覺型的嬰兒來說，從出生開始，潛意識的運作就比實感型的嬰兒更有趣。因此，直覺型的人對詞彙的含義更感興趣，並且會更注意自己聽到的詞彙。因為所有的兒童學習詞彙的含義與用法的速度，會與他們對詞彙的注意力成正比，所以實感型的嬰兒必須給予詞彙相同的注意力，發展語言能力的速度才能與直覺型的嬰兒相同。要做到這一點，詞彙必須夠有趣，透過明顯可以吸引嬰兒感官的物體、經驗或活動來連結詞彙。

嬰兒在理解話語的意思之前，就能理解語調。如果一個聲音聽起來不有趣，為什麼還要費心去聽呢？但是當說話者所說的話，聽起來好像會對所呈現的事物有重要的影響，那嬰兒就會覺得最好搞清楚。的確，話語確實很重要。描述物體的詞彙、描述行為的詞彙、描述屬性的詞彙與描述關係的詞彙，嬰兒自己能想到的每一個詞彙，都可讓其所代表的概念具體化，並使其在大腦運作的時候發揮效用。

一旦建立溝通，孩子就不再需要自行摸索、領悟，而是可以直接將生活的基本架構與經驗告訴他們。舉例來說：

■人都有欲望與需求。這些欲望與需求值得受到尊重，大家不應該干涉彼此的計畫或擁有的東西，他人權利的概念自此開始。

■東西都有用途。煮飯的爐具、睡覺的床鋪、閱讀的書籍、觀賞用鮮花，都以不同的方式滿足大家的需求。這就是根據用途判斷價值的概念。

■東西必須製造才能產生。或者必須種植、飼養、在海裡捕撈，或從地底下挖出。這就是文明主要動力來自人類努力的概念。

■東西是要付錢的。想要一些自己無法製造，或不想自己製造的東西的時候，就必須從別人那裡獲得，並要為此付費。為了賺錢來支付，必須做一些他人希望完成的有用之事，而他人也願意為此付費。這就是貿易與以貨幣作為交換媒介的概念。

■人類以數百種方式工作。他們努力獲取原料，並用這些材料製造東西。日常生活中每個熟悉的物品背後，都有一個工作的故事。

孩子們很早就可以理解這些非常簡單的想法，然後才能夠自行推導出這些想法。一旦理解，這些想法就會產生一幅由各種活動所組合起來的世界圖像，人類在其中不斷地從事有用的事情。為了完成這幅圖像，孩子們需要瞭解事物背後的原理。

其中一種方法是拿幾千年來製造東西的基本材料：石頭、黏土、木頭、金屬、玻璃、羊毛、棉花與皮革，不僅告訴孩子它們在生活中的用途，也告訴孩子為什麼這樣使用。石頭的硬度、黏土與木頭容易加工、金屬的強度與支撐力、玻璃的透明度、羊毛與棉類纖維在紡織時的抗拉強度，以及皮革的韌性與柔軟度，所有這些本身就是有趣的事實。綜合起來，這些事實就會創造出一個概念，也就是物質具有廣泛不同的特性，這些事實會為孩子提供分類與描述時的新類別。

從材質的明顯特性來看，這只是材質改變的其中一種方式。舉例來說，高溫對不同物質的影響會截然不同。黏土會硬化，然後變得防火又防水。金屬先是變成紅熱，然後白熱，最後熔化；冷卻的時候會凝固，呈現出所倒入的模具的形狀。有機的植物與動物性材質則會燃燒殆盡，無法回收。（皮亞傑說，孩子們很難理解不可逆的概念，但讓小朋友知道破壞不可逆這一點很重要。）

原料之後下一個有用的概念，是將原料製成可用物品的基本步驟，這些步驟在最初的原始製作方法中最明顯。孩子們想像自己在鐵匠鋪中加熱鐵塊的時候，首先會打開風箱將空氣打進火中，然後用鉗子取出燒紅的鐵塊，並將其錘打成獵刀，他們就會記住這個經驗與原則。

機械原理可以從古老的「簡單機械」開始說起，每一種簡單機械，都以自己的方式，讓人類能夠完成實際上超出我們力量的工作，並且會透過延伸時間或空間來達成目的。槓桿、輪軸、滑輪、螺絲、楔子與斜面的基本原理，都能在熟悉的事物中看到。舉例來說，孩子為了平衡比較重的玩伴，會滑到蹺蹺板的末端；為了剪厚的東西，而將剪刀打開得比平常更寬，槓桿原理就獲得實地驗證。

從井中拉出水桶常需要運用滑輪（輪軸），輪幅則用作槓桿，讓車軸更容易轉動。輪軸與滑輪的原理是起重機的基礎，孩子們在汽車方向盤上看到輪軸的運作，以及每次轉動門把或使用削鉛筆機的時候都會應用到。

過去，斜面用於建造金字塔；今日，孩子們利用斜面在街道到人行道的坡道上騎腳踏車。

當斜面沿著圓柱體繞圈，就形成螺紋。轉動的時候，螺紋之間的任何東西都必須隨之轉動或沿著螺旋移動。阿基米德就是利用這個原理從尼羅河中汲水。今日，這個原理被用來將房屋抬離地基，調整鋼琴琴凳的高度，以及蓋上花生醬罐的蓋子。

這些原理具有深遠的重要性，瞭解新領域的原理，就能讓孩子在那個領域立足。他們下次遇到相關的事實或想法的時候，可以在腦海中對其進行分類，並與自己已經知道的資訊連結起來。如果他們盡可能在越多領域瞭解原理，他們的知識、理解與興趣就會朝各個方向發展。

地理學的其中一條原理是，氣候取決於太陽對一個地區的加熱程度。赤道周圍的溫度高，因為一年中大部分的時間陽光都是直射；陽光以極小的角度斜射極區，大部分的能量都會散失，所以那裡的溫度很低。介於兩者之間的氣候比較溫和宜人。溫差會影響人類可以種植哪些作物與建造房屋的方式。日正當中的明亮太陽與暗紅色的日落之間的對比，以及夏天與冬天之間的對比，可以讓孩子們瞭解氣候的差異。

生物學原理包括對食物、水、空氣與適溫的需求，也帶出不少有趣的問題。例如：為什麼膝蓋擦傷會流血、為什麼盡情玩耍之後飢餓感會增加、為什麼夏天會口渴，以及為什麼跑者在賽後會氣喘吁吁。以此類推，遍及所有知識領域。

第十三章

人格類型與學習方法

「教學中最大的一種挫敗感，」一位老師在討論人格類型時說：「就是你總是在搶彼得的錢來付給保羅。你為一組學生設計某些東西，但同時知道，這樣做會將另一組學生拒於門外。能夠發現一個完全可以理解的解釋，有點令人欣慰。」許多老師都是從親身經歷中體會到這個問題，本章提供這個問題的合理解釋，並提出一種可能的應對方法。

人格類型在學習方法與學生對教學方法的反應中，會產生自然且可預期的差異。對人格類型的理解有助於解釋，為什麼有些學生能夠理解並喜歡一種教學方式，而其他學生則既無法理解也不喜歡。這裡涉及兩個截然不同的問題：理解是溝通的問題；喜歡則是興趣的問題。

老師對學生的溝通

教師對學生的交流，始於課堂上的口語溝通，學生必須先能夠有效地聆聽，然後再納入教科書中的書面文字（為了達到這點，學生必須能夠閱讀）。因為文字是必要的教學媒介，必須透過聽眾的直覺將符號轉化為意義，所以對於直覺型的人來說，從符號轉化為意義自然會比實感型的人容易。直覺型的人會用自己最喜歡的感知，而實感型的人不得不使用自己比較不喜歡、比較沒有發展的感知，這需要花費更多的時間與精力，尤其是使用的文字是抽象的時候。

開學的第一天對於實感型的兒童至關重要，在那之前，他們的注意力都集中在自己周圍的具體現實，那些他們可以看到、觸摸到與處理的事物上。但突然間，他們身處於跟往常運作方式不同的環境中。

一切似乎都是文字，有些文字對他們來說還不夠熟悉，所以沒有意義，而且這些文字可能快速掠過。此時孩子們陷入的困境，會有點類似成年人試圖用外語以便與外國人交談的時候。不熟悉的文字需要額外的時間來轉化，文字快速掠過的時候，轉化就會變得不可能。

幸運的是，老師可以控制這些文字出現的速度。老師若能理解實感型的兒童需要多少時間來吸收並理解文字，那就可以放慢語速，並在每句話之後停頓。直覺型的孩子會利用這些停頓來為老師所說的內容增加想法；實感型的孩子會利用這些停頓來確保自己理解老師的話。這樣的話，每句話就都能成功與所有孩子溝通。

孩子們的應對能力在學校會面臨威脅，在陌生的學校世界裡，他們極為需要感到滿足，而感到滿足的最好方法就是實際獲得滿足。如果他們透過使用自己的感知（來理解任務）與判斷（如何正確地做事），真的在必要的任務中表現良好，他們的感知力與判斷力都會變強，以備未來所需。瞭解新事物或能夠完成新事務的滿足感，將為進一步努力與進一步發展提供內在動力。

然而，如果孩子一直失敗（或感覺自己失敗），由此產生的挫敗感可能會抑制未來的努力，不僅會阻礙所需的學習，更重要的是，會阻礙感知與判斷的發展。

常常失敗的話，對孩子、對教育系統與整個社會來說，都是成本很高的一件事，應採取一切合理的預防措施以防失敗。要求的任務應該簡單明瞭，並且應該對孩子的知識或能力有一定的貢獻。從開學的第一天起，老師就必須明確表示，有很多有價值、有趣的東西要學，而且會有可靠的學習方法。在閱讀上，以英文這個語文來說，最重要的是確保字母代表發音，因此，「印出來」的字將可以向閱讀者展示它「講出來」是什麼樣子。

初學者應該要謹記發音與符號之間的關係。當然，有些孩子很容易就能上手，可能還沒上學就在使用。如果孩子們認識字母，並知道字母代表發音，那們他們只要學會字母之後就可以學會閱讀。孩子們可以透過學習故事中的拼字來對應字母與發音。他們可能會指著印在書本、報紙或麥片盒上的文字問：「這是什麼意思？」每當孩子發現一個對應字母的新發音，他們就會將之儲存在腦海中。

等到記住所有的發音與字母，孩子們就可以讀出他們口語詞彙表中的大部分單字，以及許多不存在詞彙表的單字。當他們遇到自己知道、但還沒有在紙上看過的單字，他們會將字母轉化為發音，讀出單字並認出這個字。重複幾次之後，他們就不需要再為獨立的發音而煩惱，而是可以將書面文字轉化成口語，最終將書面文字直接轉化成意思。對於大多數不熟悉的單字，潛意識會為新讀者提供建議，包括單字聽起來應該像什麼，以及從上下文判斷的暫定意思。當字典或其他關於這個字的經驗幫助孩子確定字的意思，孩子們就可以在人生中正確地閱讀這個字，而且不需要聽到別人說出這個字也辦得到。

自學的孩子似乎都具有強烈的閱讀慾望，大多數的孩子在學習符號的含義（也就是發音）的時候需要幫助，有些孩子則需要大量的幫助。現在有越來越多學校，從一年級開始，就逐字地確實教授發音與符號之間的關係，以便所有類型的孩子都能學會如何有自信地處理書面文字。

一些沒有福氣進入此類學校的孩子，無法在父母的幫助下或靠自己發現閱讀的原理。

在學習發音之前，他們的詞彙來自「視覺詞」。這些孩子滿腦子都是錯誤的假設：學習閱讀一定沒有什麼好方法，不然老師早就解釋給他們聽了；閱讀者必須找到某種方法來記住每個單獨的單字，閱讀越多，這項任務就越難；在老師說出一個字之前，不可能有辦法確定那是什麼字。他們透過閱讀猜詞法（word-attack method）學習，也就是說，他們根據單字的大致形狀或出現在熟悉頁面的位置來認字，或者透過記住故事接下來發生的事情，或透過查看最近的圖片來認字。這些臨時湊合的技巧在實際閱讀新材料的時候都不可靠，只會掩蓋真正的問題與解決方案。真正的問題在於，沒有學會如何將字母轉化為發音的孩子，只能靠記憶「閱讀」，無法應對生字。

對於內向直覺型的人來說，發音與符號之間的轉化最簡單。一年級的時候，IN 型的人可能是最快掌握這些符號的學生，而且通常會感到高興。但是外向實感型的兒童，也就是 ES 型的學生，他們很少使用直覺或內向性，可能會發現這些符號相當混亂，以至於他們會對上學的整個過程感到氣餒，甚至可能會絕望或挑釁地認定學校不適合自己。

混淆符號是一件十分嚴重的事情，任何類型的兒童如果不瞭解「書寫出的語言符號」與「必須閱讀的語言符號」代表什麼含義，就注定會在學校陷入困境。根據他們困惑的程度，他們可能被判定是閱讀障礙者或無法閱讀。他們會在成就測驗與智力測驗中表現不佳，可能會對自己不理解的東西感到厭煩，並且很可能因為不理解而感到羞辱。他們往往會很早輟學。他們的失敗可能會被判定是智商太低，或是情緒適調不良，但實際上失敗、低智商與情緒適應不良都可能來自於一個疏漏：一開始，沒有人幫助他們瞭解發音與符號之間的明確含義。

有的學校會晚一點才教導學生自然發音法，但最後還是會討論字母的發音，有時只是斷斷續續地討論，並且只是眾多閱讀猜詞法中的一種而已。到這個時候，傷害已經造成，某些學生可能已經無可救藥地落後。他們沒辦法忘記自己使用的舊方法，只能學習新的方法，並與舊的方法並排儲存。當然，新方法還是有幫助，而且越早學習，幫助越大。但是這些孩子不可能像一開始就使用正確方法那樣，可以熟練地掌握新方法。對某些孩子來說，正確的方法太瑣碎，而且來得太晚，根本沒有用。

學生對老師的溝通

學生對教師的溝通，則是教育中一個相對還沒有受到透徹研究的層面，但卻具有深遠的影響。每當教師想要透過口頭或測驗瞭解學生學到多少，或學生能做到什麼的時候，就會需要溝通。當學生對老師的溝通因為各種原因而減少，可能會讓教師低估學生的實際知識。

直覺型的人可以用較快的速度將單字轉化成意義，這點讓他們在任何口語能力的計時測驗或口頭能力很重要的計時智力測驗中，表現出明顯的優勢。按照人格類型分析這些測驗分數的時候，優勢的程度就很明顯。美國教育測驗服務社（Educational Testing Service）在一九五零年代後期進行大規模的分析，然後才決定發布人格分類指標（邁爾斯，一九六二）。在賓州三十所高中，修習學術課程的十一年級與十二年級學生中，直覺型學生的平均智商高於實感型的學生，男生高出七點八分，女生高出六點七分。在五所大學的男性新生中，直覺型的學生在 SAT 測驗中的語言能力分數的平均，比實感型的學生高四十七分。

大家很容易就會以為，這種差距所表現出的是天生智力的顯著差異，從統計學上來看，大約是標準差的一半。然而，事實並非如此。不少實感型的學生在考試上的劣勢，只是因為他們的應試技巧不好。

舉例來說，過去認為自己必須將每道試題讀三、四遍（見第五章）的 ISFJ 型女性，接受同事的挑戰，把她申請工作時參加的考試重新考一遍，但這一次她每個問題只能讀一次。她勉強同意了，不料她第二次的「智商」分數比第一次高出十分。

大多數犧牲寶貴時間來重讀試題的實感型學生，可以透過「每道試題都只讀一次」來提高分數，但他們可能不願意做如此草率的事情。實際上，他們並不相信自己的直覺一眼就能看出真正的答案，但在某種程度上，他們是對的。他們依靠可靠的理解，而不是快速的理解，這是他們能力的基本組成，是值得尊重的事，不該阻撓。

更公平的解決方案是允許實感型的學生展示自己的能力，而不必違反他們用來確定事物的原則。透過取消測驗的時間限制，教師可以將測驗變成能力測驗，而不是速度測驗。這個解決方案並不會讓真正的智力差異喪失或扭曲。約瑟夫．坎納（Joseph Kanner，一九七五）使用衛氏智力測驗（Wechsler）作為衡量智力的標準，將奧迪思智力測驗（Otis）作為能力測驗的結果，對兩組分別超過四百位學生的樣本進行測試。正如一般的情況，奧迪思智力測驗與衛氏智力測驗的相關性約為零點四九。作為能力測驗，其中一個樣本中的 r 值為零點七，另一個樣本中為零點九二。除了對速度的需求掩蓋衛氏智力測驗的真實智力水準之外，很難用其他理由來解釋結果。

老師只要多等幾秒鐘

當然，無論在學校內還是出了校門，速度都是不可否認的資產。實感型與直覺型的學生都可能從專門設計來提高反應速度的練習中受益，但速度不應該與學習的內容相互混淆。教學方法不應該以速度作為一般學習的先決條件或替代品，也不應該用來衡量學生的知識廣度或推理的可靠度。

目前，閱讀課的教師似乎不太關心閱讀的技巧，反而更關心學生對內容的理解，也就是利用更高層次的認知功能，包括邏輯與推理。佛羅里達大學兒童教育學系的瑪麗·巴迪·羅（Mary Budd Rowe）博士（一九七四a及一九七四b）出色的研究顯示，在這些更高的層次上，對速度的需求降低也可以讓結果產生重要的進步。

羅博士的研究詳細分析三百多份低年級兒童的課堂錄音，這堂課的主要目標是激發學生對大自然的興趣。有兩種趨勢不斷出現：孩子們的貢獻非常少，平均八個字；而且教學節奏極快。老師們快速地連續提問，平均只花一秒鐘等待孩子的回答，沒回答的話就針對這個孩子把問題重複一次，或用不同的措辭重新問一次，要不然就是問下一個問題，要不然就是把同樣的問題拿去問另一個孩子。

如果學生有回答，但是回答過程中暫停下來構思自己要說的下一句話的時候，此時老師平均等待的時間依舊不到一秒鐘，就會用評論或另一個問題打斷孩子。只有少數幾卷錄音帶中，學生答案的長度與品質，符合該課程的設計初衷，而在這少數的錄音帶中，老師平均等待大約三秒鐘。

第一項研究的結果，後續帶出來一些更大規模的研究，以「說服或訓練教師等待三秒或更長的時間，會產生的結果」為題進行研究。結果令人印象深刻：

- 學生回答的平均句數大約是四倍。
- 自願發表的頻率超過三倍。
- 展現推理的回答頻率超過兩倍。
- 猜測答案的頻率超過三倍。
- 未能回應的情況從每兩分鐘一次，減少到每十五分鐘一次。
- 同時，教師幾乎不需要執行紀律處分。換句話說，即使是學業表現最差的學生，也會發現新方法值得他們集中注意力。

有一項結果是教師們沒有預見到的：針對班上一些最沒有希望的學生，老師竟然做出了更肯定的評價。先請老師們指出班上學業成績最好和最壞的五名學生之後，研究人員仔細檢查原始（等待一秒鐘的）錄音帶，發現老師給最好的五名學生的作答時間，比給最差的五名學生的作答時間，多出了一倍。老師們可能對最差的學生期望不高或根本沒有期望。但是在三秒鐘的時間裡，最差的學生開始以令人驚訝的新方式回答問題，而且答案令人滿意，且現在的表現完全無法根據他們過去的表現來解釋。

從人格類型的角度來看，這些變化就完全說得通。最差的五名學生是需要更多時間來吸收自己所聽到的內容的實感型孩子，即使是三秒鐘也可能產生很大的不同。如果班上後半部分的學生經常有至少三秒鐘的時間，來整理自己的想法以進行表達，他們的表現可能會提高多少令人興奮。他們獲得的優勢可能會遠遠超越課堂，並沿用到整段人生。

關於學生的興趣問題

在教學中，與人格類型相關的另一個主要問題是學生的興趣。直覺型的人與實感型的人對任何主題感興趣的程度都有很大的不同，即使他們喜歡相同的主題，對相同的主題感興趣也一樣。直覺型的人喜歡原則、理論與原因；實感型的人則喜歡實際應用、內容與方法。大多數的科目既有理論方面又有實踐方面，可以側重其中一個面向。

不論一門學科如何傳授，學生往往只會記住引起自己注意與興趣的部分。理論介紹與作業會讓實感型的學生感到無聊；沒有理論的實作面往往會使直覺型的人感到無聊；而各一半的混合課程則會讓每個人都有一半的時間感到無聊。如果允許學生將大部分的時間花在自己會記住，並認為對自己的生活有用的層面，那目標受益者對教育的熱情就會多很多，而且會學到更多。

在未來的教科書中，每一章的概論都可以呈現所有學生都必須瞭解的要點，以便理解自己對什麼最感興趣。介紹之後可以是為實感型設計與直覺型設計的不同段落，學生可以選擇要學習哪一門課程，任何一門課程都足以獲得學分。考試將涵蓋所有三個部分，學生將回答概論與自己選擇的部份的問題。如果某些學生所有三個部分都有學習，他們可以回答額外的問題，並有可能藉此提高自己的成績。

即使沒有這些教科書，教師也可以在作業、專題甚至期末考中為學生提供選擇。有一位教師常為直覺型與實感型的學生分別準備不同的一組試題，並允許個別學生選擇自己偏好回答的問題，只要回答所需的問題數即可。有時候她會允許學生寫一個自己感興趣的問題，然後以此代替老師的問題。她說，許多學生都沒有好好利用這項優勢。也許學生突然發現，寫出一道好的試題比想像得要難。

對人格類型感興趣的教師，可以利用實驗室來觀察學生對課堂上的備選方案的反應，並根據這些反應形成假設。舉例來說，程序學習（programmed learning, 又稱編序教學法）對實感型的學生來說，似乎很放鬆，因為他們不會感到催促，但對直覺型的學生卻很無聊，因為他們無法加快。一位直覺型的學生說，如果有「啊哈！」按鈕就好了，他一理解就可以按下按鈕。

有時候 SN 型的偏好會在年齡很小的時候就表現出來，且預示著哪些學習的替代方案會有用。據一位二年級學生的母親表示，他是他們大家庭中唯一的實感型，他對閱讀本身與別人閱讀給他聽都漠不關心。後來母親開始為他朗讀兒童版本的真實歷史，他興趣來了。「那件事真的發生過嗎？人真的會那樣做嗎？」他對真實事件的濃厚興趣，證明他需要不容置疑的現實。當然，這只是一個顯著的例子，但卻代表著，如果提供剛開始閱讀的實感型兒童清晰的事實，並搭配圖片，而不是兒童小說或童話故事，他們可能會更感興趣。

最後要提醒各位，這裡所提倡的是利用興趣來幫助學習有用的東西，但**「缺乏興趣」絕對不能作為不學習必要知識的藉口**。必須學習基本技能，也必須學習構成職業能力所需的基本要素。

學生對自己必須學習的東西不感興趣的時候，他們有兩種選擇。一種是純粹的應用，雖然不像能力那樣受到尊敬，也不像興趣那麼令人興奮，但至少可以完成工作。J 型的人最常使用應用，他們靠自己的判斷而不是感知來經營自己的外在生活。不管是偶然還是選擇，大多數的實感型學生都是 J 型的人，如果他們具有判斷類型的長處，他們就能如期完成任務，而這可不是什麼微不足道的成就。

另一種選擇是有人在我四歲的時候推薦我的，那次的談話我至今依舊一字不漏地記得：

「媽媽，我可以做什麼？」

「你的衣櫥需要整理一下。」

「但我對我的衣櫥不感興趣。」

「嗯，那就去培養興趣！」

簡而言之，這就是覺得應用有問題的學生適用的解決方案。有不少方法可以讓學生對作業感興趣，只要學生願意仔細研究。

作業可能是提高某些技能的練習。如果是的話，又是什麼技能呢？學生是否以最有效的方式使用這項技能？學生能否做得比上次好一點呢？

作業可能是對某件事情的解釋。如果是的話，重點又是什麼呢？這是完整的解釋，還是向學生提供不同的觀點，並讓他們選擇最合理的那個？

作業可能是學生某天可能會需要使用的東西的說明。如果是的話，該如何使用，以及何時可以使用呢？該做什麼才能使其發揮作用呢？

或者，作業可能是一些個別的名稱或日期，或者學生應該記住的定則。如果是的話，押韻的對句會更容易記住嗎？一四九二新大陸，發現者是哥倫布。

最後，如果是學生負責教授該科目並出作業，那位學生會怎麼做來讓作業更有趣呢？

第十四章

人格類型與職業

職業選擇，明顯受到人格類型影響。W・哈羅德・格蘭特（W. Harold Grant）博士（一九六五）對美國奧本大學的新生發放一份問卷調查，其中包含這個極具洞察力的問題：

您認為理想工作所需具備最重要的特徵是什麼？

(a) 提供個人發揮特殊能力的機會
(b) 允許創造力與原創性
(c) 讓人期待穩定且可靠的未來
(d) 提供賺大錢的機會
(e) 提供為他人服務的機會

偏好穩定且可靠未來的五種類型都是實感型。最溫暖的實感型，ESFJ，具有為他人服務的特點。八種直覺型中有七種人，喜歡使用自己特殊能力的機會，或有機會發揮創造力與原創性。因此，實感型的人不太關心工作的性質，而是工作的穩定性，有鑑於此，他們希望找到或發展自己的工作滿足感。直覺型的人希望在工作中找到成就感，最好是做一些有創意的事情。人格衡鑑與研究學院的麥金儂（D. T. MacKinnon）博士（一九六一）發現，特別有創造力的群體，不論是建築師、作家、研究科學家還是數學家，幾乎完全由直覺型的人組成。

SN偏好似乎對職業選擇的影響最大，決定人對什麼感興趣。實感型的人喜歡那些讓他們處理源源不絕事實的職業，而直覺型的人則喜歡關注可能性。

下一個重要的偏好是TF，它會決定更容易使用、且更令人滿意的判斷。偏好思考的人更善於處理無生命的事物、機械、原理或理論，它們都沒有不一致與不可預測的感覺，而且都可以以邏輯來處理。情感型的人更善於處理與人有關的事情、大家看重什麼，以及如何說服或幫助他們。

當人試探性地選擇一份職業，應該要考慮這份工作對自己偏好裡的感知與判斷有多大好處，任何領域的求職者都應該盡可能瞭解自己將要做什麼，以及將在每種工作上花費多少時間。雖然沒有完美的工作，但如果工作讓員工有機會使用自己偏好的歷程，就更容易欣然接受不完美之處。

對職業持完全開放態度的人，可以從觀察最喜歡的感知歷程與判斷歷程與自己相同的人中受益，看看最能吸引他們的是哪種類型的工作。感知與判斷的四種可能組合中的每一種，都會產生不同的興趣、價值觀、需求與技能。圖33顯示十五個群體中，出現不同偏好組合的頻率範圍為百分之零到百分之八十一。

ST型的人將注意力集中在事實上，並透過客觀的分析來處理這些事實。他們務實且實事求是，成功運用自己的技術能力來處理事實、事物與金錢。在會計師的樣本中，ST型的人佔百分之六十四，在主修財政與商業的學生與銀行行員中，ST型的人分別佔百分之五十一與百分之四十七。ST型的人在生產、建築、應用科學與法律方面也表現出色，但在諮商與神學生的樣本中，只有百分之六與百分之三是ST型的人。

SF型的人也將注意力集中在事實上，但他們會以個人的熱情來處理這些事實。他們往往富有同情心且友善，喜歡能夠為他人提供實質幫助與服務的職業。在業務與顧客關係的樣本中，百分之八十一是SF型的人，而在主修護理與教育的學生中，SF型的人分別佔百分之四十四與百分之四十二。SF型的人在初級保健、健康相關專業、社區服務、教育（尤其是小學）與體育等醫學專業方面表現出色。但在主修法律、諮商與科學的學生中，SF型的人僅佔百分之十、百分之九與百分之五。

業務與顧客關係中，SF型的頻率非常高，說明人格類型對營業額的強大影響。在研

圖 33 職業與學術群體中的人格類型分布 資料來源：麥金儂（一九六二）與萊尼（Laney，一九四九）

	ST (%)	SF (%)	NF (%)	NT (%)
職業 Occupations				
會計師 Accountants	64	23	4	9
銀行行員 Bank	47	24	11	18
業務、顧客關係 Sale	11	81	8	0
創意作家	12	0	65	23
研究科學家	0	0	23	77
碩士研究領域 Fields of Graduate				
神學（自由派）	3	15	57	25
法學	31	10	17	42
大學研究領域 Fields of College				
財政與商業	51	21	10	18
護理	15	44	34	7
諮商	6	9	76	9
科學	12	5	26	57
健康相關專業	13	36	44	7
教育	13	42	39	6
新聞	15	23	42	20
健康與體育	32	34	24	10

究華盛頓煤氣燈（Washington Gas Light）公司員工的人格類型的時候，萊尼（一九四九）最初是分析個別偏好，而不是分析偏好組合。九年後，我們在準備圖33所示表格的時候，我們要求提供完整的人格類型，但公司已經丟棄那些離職員工的紀錄。將近五分之四的情感型仍舊待在公司，但將近五分之四的思考型已經辭職（邁爾斯，一九六二）。比起事實，NF型的人更偏好可能性，他們會以個人的熱情來處理這些事情。他們的熱情與洞察力常常使他們在理解及與人溝通方面取得成功。在主修諮商的學生與創意作家的樣本中，NF型的人分別為百分之七十六與百分之六十五；而在主修神學、健康相關專業與新聞的學生中，NF型的百分比分別為五十七、四十四與四十二。NF型的人在教學、研究與文學藝術方面也表現很好，但在主修財政與商業的學生、業務與顧客關係人員與會計師中，NF型的人只佔百分之十、百分之八與百分之四。

NT型的人也將注意力集中在可能性上，但他們會就事論事地處理這些可能性。他們通常有邏輯且善於創新，經常在理論與技術發展中運用自己的能力。在研究科學家的樣本中，百分之七十七是NT型的人；而在主修科學與法學的學生中，NT型的人佔百分之五十七與百分之四十二。NT型的人在擔任發明家、經理、預測員與證券分析師方面也表現出色。在所研究的其中四個領域中，NT型的人只佔很小的比例：他們佔會計師與主修諮商學生的百分之九，佔主修護理與健康相關專業學生的百分之七，佔主修教育學生的百分之六，而且沒有業務與顧客關係人員。

大家不應該因為自己「不是那種類型的人」而放棄從事某項職業。當與自己相同類型的人很少選擇某種職業，求職者就應該徹底研究一下這份工作。如果仍然想追求這份工作，並願意付出必要的努力來獲得同事的理解，他們可能會因為覺得貢獻出同事中少有的能力而有價值。舉例來說，在佛羅里達州監獄的懲戒人員中（鮑嘉，一九七五），直覺型的人很少，不超過百分之十二，但是當監獄開設人際關係培訓課程以幫助獄警矯正囚犯的時候，少數的直覺型就發展出比實感型的人更高水準的技能。另一個例子是ESTJ型的神職人員，這種類型在神職人員中極為罕見。

當人找到可以發揮自己最佳技能的領域，該領域通常會有各式各樣不同的工作可以從事。此時，EI偏好可能就很重要。雖然每個人都既生活在充滿人、事、物的外向世界，也生活在充滿概念與想法的內向世界中，但大多數的人都明確知道自己在其中一個世界更加自在，並在偏好的那個世界盡其所能地表現。

舉例來說，在ST型的人中，內向者（IST型）喜歡組織與情境相關的事實與原則，這就是經濟與法律工作中很重要的一部份；外向者（EST）則喜歡自己組織情境，並推動其前進，這在商業與工業中特別有用。

當事情發生在自己周圍，並且他們可以積極與人、事、物互動，外向者往往會更感興趣且更有效率；內向者則是在工作與想法有關，並且需要在頭腦中安靜地進行大量活動的時候，他們才往往會更感興趣且更有效率。

因此，考慮一份特定工作時，要瞭解該工作需要（內向者）或允許（外向者）多少外向性。有些人很容易在外向性與內向性之間來回擺盪，他們可能會在大量包含兩者的工作中找到最大的滿足感，但工作主要集中在自己最瞭解的世界時，大多數的人都會更快樂。

EI 偏好也可以對離職率產生強大的影響。萊尼的研究（萊尼，一九四九及邁爾斯，一九六二）表明，在智商高於一百的男性中，從事安靜文書工作的外向者離職率，幾乎是從事機械或抄表等活躍工作的外向者離職率的兩倍；而從事活躍工作的內向者離職率，幾乎是從事安靜文書工作的內向者的兩倍。

JP 偏好會影響滿意度。J 型的人主要用自己最好的判斷歷程來表現自己的外向性、處理人或情況，至於使用思考或情感則視情況而定；P 型的人則主要透過自己最好的感知歷程來表現自己的外向性，也就是實感或直覺。因此，J 型的人與 P 型的人處理情況的方式截然不同。

判斷型的人，尤其是那些偏好實感的人（SJ 型的人），喜歡自己的工作有條理、系統化且可預期，通常是到知道自己下週四下午三點會做什麼的程度；感知型的人，尤其

是那些偏好直覺的人（NP型的人），則希望自己的工作是對當下需求的回應。工作在這些方面就有很大的不同，

一天中需要為工作所做出的決定數量，也有很大的差異。判斷型的人，尤其是那些偏好思考的人，容易將決策權視為工作中令人愉快的特徵；感知型的人，尤其是那些偏好情感的人，則經常覺得例行的決定是一種負擔，他們寧願自己去找解決方案，也不願在備選方案之間做出明確的選擇。因此，在學校行政人員的樣本中，百分之八十六是J型的人（馮方格，一九六二），且在主修諮商教育的學生樣本中，百分之六十四是P型的人，一點也不奇怪（見第三章，圖23與圖19）。

以下的圖34與圖35列出，在特定偏好上對立的人，往往會在不同的工作情況做出不同的反應。由於這些只是概括的反應，不能套用在每個情況下的每個人，但可以根據類型理論來預期與理解這些反應。

舉例來說，內向者的專注能力，至少有一部份是來自於，自己較關注自己頭腦中發生的事情，而不是周圍發生的事情。當員工的工作效率取決於「避免被周圍的人分心」的能力的時候，這將是很大的幫助。在費城的第一賓州銀行處理票據文書部門的外向主管，為她下屬的工作量與品質進行評價，結果她對八位內向者的評價，高於八位外向者的評價（萊尼，一九四六到一九五零）。

圖 34 EI 與 SN 偏好在工作情境中的影響

外向型 Extraverted Types	內向型 Introverted Types
喜歡多變性與實際行動。	喜歡安靜以集中注意力。
喜歡快節奏，不喜歡複雜、籠統的陳述。	容易注意細節與程序。
通常善於與人打招呼。	很難記住名字與長相。
通常對長時間的緩慢工作感到不耐煩。	不介意長時間不間斷地從事同一個專案。
對自己的工作成果、完成工作與其他人的工作方式感興趣。	對自己工作背後的想法感興趣。
電話響起，打斷了工作節奏，通常不介意。	不喜歡打斷節奏的電話與接聽電話所造成的打擾。
經常迅速行動，有時候甚至不假思索。	喜歡在行動前思考不少，有時候甚至不行動。
喜歡有人在身邊。	可以一個人心滿意足地工作。
平時溝通無礙。	溝通有些問題。

實感型 Sensing Types	直覺型 Intuitive Types
不喜歡新問題，除非有標準方法來解決。	喜歡解決新問題。
喜歡重複執行既定的方式。	不喜歡做同樣的事情。
與學習新技能相比，更喜歡使用已經學過的技能。	比起使用新技能，更喜歡學習新技能。
工作穩定性較高，對需要花費多長的時間有實際的想法。	以熱情驅動的爆發能量來工作，過程中需要緩衝期。
通常會一步步得出結論。	快速得出結論。
對例行公事有耐心。	對例行公事不耐煩。
細節變得複雜的時候，會變得不耐煩。	對複雜的情況有耐心。
不常受到啟發，也不太相信受到啟發時獲得的靈感。	不管好壞都會跟隨自己的靈感。
鮮少對事實認定有誤。	經常對事實認定有誤。
擅長精確的工作。	不喜歡花時間追求精確。

圖 35 TF 與 JP 偏好在工作情境中的影響

思考型 Thinking Types	情感型 Feeling Types
不輕易表露情緒，並且常常不願意處理別人的感受。	十分瞭解其他人與他們的感受。
可能在不知不覺中傷害他人的感受。	享受取悅他人的樂趣，即使是在不重要的事情上。
喜歡分析與把事物按邏輯順序排列。不和諧也能與人相處。	喜歡和諧，工作效率可能會因為辦公室不合而受到嚴重干擾。
喜歡客觀地做決定，有時候不夠重視他人的意願。	經常讓自己或他人的個人喜好與願望影響決定。
需要受到公平對待。	需要偶爾接受表揚。
能夠在必要的時候斥責或解雇員工。	報喜不報憂。
較注重分析，更容易回應他人的想法。	以人為本，更容易回應他人的價值觀。
意志比較堅定。	善於同情。

判斷型 Judging Types	感知型 Perceptive Types
可以自己安排工作並遵循計畫的時候，他們的工作表現會最好。	對不斷變化的情況適應良好。
喜歡解決並完成事情。	不會介意讓事物保持開放，保留修改的空間。
決定事情的速度可能太快。	可能很難做決定。
可能不喜歡為了更緊急的專案，而打斷自己正在進行的專案。	可能會因為開始太多專案而難以完成。
可能不會注意到需要做的新事情。	可能會拖延不愉快的工作。
只想要足以開始工作所需的必需品。	想瞭解有關新工作的所有資訊。
一旦他們對事物、情況或人做出判斷，往往會感到滿意。	充滿好奇心，並喜歡對人、事、物有新的認識。

這個部門，先前想尋找一位令人滿意的信差，擔任事務機器備品的運送工作，結果一直沒有好的結果。信差的職責要從行內不同的各部門蒐集用完的備品，拿回集中處放置，而在趟與趟之間的間隔，信差還要負責為行員補足備品的庫存供給。該部門聘用了兩名非常令人不滿的信差後，員工紛紛反應，為何人力資源部門找不到好信差。人力資源部門於是詢問該部門，這份工作需要哪些特質，卻發現大家根本沒有好的建議。

人資部門隨後請大家提供資訊：那兩名令人不滿的信差是誰，他們到底有哪些具體的缺點；以及哪些信差的工作是令人滿意的。人資部門回頭查閱人事資料，依照資料內的人格分類指標，可以看出初步的解釋。大家對最近一位惹人生氣的信差的抱怨是：她把每件事都當成社交場合，話太多，太長舌，而且跟太多人交談。她的人格類型是 ESFJ，而典型的 ESFJ 就是容易話太多。另一位惹人生氣的信差犯的錯誤是，她執著於自己手上要做的事，一旦計畫好，她只會堅定去執行，對於其他事例如跑腿送備品等，都不去做。她的人格類型是 ISTJ，而 ISTJ 型的人很難從手頭上的工作中轉移注意力，這種特質在大多數的情況下都是美德。至於在令人滿意的信差中，一位是 ESFP 型的人，後來還從信差晉升成秘書。另一位則是 ISFP 型的人，她離開公司進入女修道院。

根據這個微不足道的證據，該部門決定嘗試進用 SFP 型的人，其中 S 用於瞭解細節，F 用於渴望滿足期望，最重要的是，P 用於適應即時的需求。人資部門將日後出現的 SFP

型申請人送到該部門，部門很高興地回報：新信差總是能掌握當下最需要的東西，並且可以用極佳的方式催促職員們「這是雷切特先生急著要的東西」，創下了極佳的效率。

這只是單一個案，小到不能成為統計數據，但可以幫助大家理解工作與人格類型，如果後續有更多觀察且得到證實，就可以成為統計數據。

另一個部門，信用調查部門，主管經常批評有些員工以電話進行調查。她抱怨，員工打給同一個對象之後，就與話筒另一端的人變熟了，因此她希望人資部門派一個「不會聊到離題」的人來。人格分類指標顯示主管是T型的人，員工是F型的人，所以他們的經營理念永遠不會與她相符。於是人資部門開始搜尋人格類型中有T的員工，然後派來一個ENTP型的人——這種類型的人最不適合日常的文書工作。主管非常滿意，認為新員工是該部門「史上最佳徵信調查人員」。

另一個關於人格類型與職場的例子，則是一個轉職的故事。某銀行透過合併獲得一位INTP型的人，他好像不管放在哪個部門，都不相配，沒有上司願意留下他。最後證券分析那邊終於出現空缺，人資就把這位INTP型的人轉過去，從此以後都享有最高的評價。

某家公用事業公司的二十二位主管級或更高級別的會計師中，只有三位是直覺型的人，而且這三位沒有一個對自己所處的位置感到滿意，其他人也對他們不滿（萊尼，一九四六到一九五零）。為了改善這種情況，一位主管型的直覺型（ENTJ）人士被任命為副主計長。上任後，他的組織能力、改進程序的想法表現傑出，遠遠超越他個人在文書細節上的準確性。兩年之內，他得到另一家公司的主計長職位——對原來的公司來說沒什麼好高興的，但這對他來說也是令人高興的結果。

一位 INTP 型的員工表示他很適合自己現在的職位。他是一家大型石油公司的運輸副總，描述自己的工作內容就像是一個「不斷適應各種變數而不斷改變」的拼圖遊戲，也就是說，他必須依照每批貨物的不同，選擇出最經濟實惠的運輸方式組合。他以自己類型罕見的直言風格說：「不知道有什麼會比我這份工作更有趣。」

東京的日本招聘中心（Nippon Recruit Center，一九七七）多年來一直使用日文版本的人格分類指標，以便更好地安置員工。他們的經驗正好可以驗證，人格類型與職業之間的基本關係，超越了語言與文化的界限。四種截然不同職業的偏好頻率符合類型理論，舉例來說，某家城市銀行的辦公室主管中有一半是 ES 型的人。日本的評論者認為，S 型具有穩重與現實主義等特點，且「他們也能承擔積極與固定的職責」。在從事需要重複技術工作的工廠工人中，百分之八十五是 S 型的人，評論者認為這是「這種工作與抽象無關」的證據；而負責文案的主要是 ENP 型；在負責研究規劃的電信技術人員中，N 型與 T 型占多數，INT 型的頻率是其他組的五倍。

很多職業數據是從準備就業的學生收集來的。史帝芬斯（Stephens，一九七二）在他對藝術學生的研究中（第三章，圖16到18），發現那些打算成為藝術家的人、那些想當老師教藝術的人，與那些打算在療程中使用藝術的人，在人格類型上存在顯著的差異。藝術家主要是IN型的人，能夠在不過多參考外在世界的情況下，遵循自己內心想創作的衝動；大多數的治療師則都是EF型的人，一心想用藝術來幫助遇到麻煩的人。這兩個群體之間幾乎沒有重疊，一個以創造力為導向，另一個以人為導向。但是那些想要教授藝術並與他人交流自己對美的知識與理解的群體，則主要是NF型的人，他們同時具備「藝術家喜愛創造力」與「治療師對人有興趣」這兩個特點。

在法學院（見第三章，圖21），人格類型不僅影響誰入學，也影響誰退學。米勒（Miller，一九六五）在一項針對名校法學院學生的研究中發現，輟學與成功的標準預測指標（大學成績與入學考試分數）沒有顯著關係，但與人格類型有關。TJ型的人在入學與成功存活方面都表現得很好，而FP型的人往往在這兩個方面都表現得很差。介於兩者之間的類型，也就是TP型與FJ型，都以略低於平均的水準退學，但TP型的數量是FJ型的兩倍。

在人格類型與職業選擇之間的關係中，醫學是研究最深入的職業。超過四千名在一九五零年代早期參加過人格分類指標的醫學生受到持續追蹤，首先是在一九六零年代早期，美國醫學會（American Medical Association，邁爾斯及戴維斯，一九六五）一九六三年名錄中關於這些學生的科別數據，然後在一九七零年代，再次出現於由佛羅里達大學臨床心理學家與心理類型應用中心主任，為美國衛生及公共服務部（Department of Health, Education, and Welfare）進行的一項更大規模的研究。13

在醫學院裡，自我選擇的作用顯而易見。與一九五零年代即將上大學的一般學生群體相比，在醫學生中可見到更多內向型、直覺型、情感型與（程度較少的）感知型的人。這點可以從醫學的雙重面向中看出：醫生可能是科學家、人道主義者，或者兩者兼具。醫學的人道面向充分發揮情感的溫度；科學面向則適合直覺型的人解決問題的熱情，內向型的專注天賦，以及感知型的人在處理之前會找出所有問題的傾向。

這種自我選擇的最終結果是，具有所有四種偏好 INFP 的高中畢業生，進入醫學院的可能性，至少是具有四種對立偏好 ESTJ 同學的四倍。直覺與情感的組合顯然提供最強烈的動機，也許是因為醫學會提出為了人類的利益而待解決的問題。

到目前為止，ESTJ 型的人最不被醫學吸引，也就是商人類型，在 AVL 價值觀研究（The Allport-Vernon Study of Values）中，所有四種偏好都與具有強烈經濟價值的商業利益相關。顯然，ESTJ 型對醫學工作的人道主義與科學面向興趣缺缺，甚至連醫學工作的高收入也無法吸引他們的興趣。

人格類型似乎會影響輟學率，也就是永久退學或無法從醫學院畢業的學生百分比。14

在這個樣本中，我們發現輟學與其中一種主導歷程的性質之間存在一種關係，這種主導歷程為判斷（EJ 與 IP）與感知（EP 與 IJ）。儘管感知型的學生與判斷型的學生在美國醫學院入學考試（Medical College Admission Test，MCAT）的平均成績相同，但感知型學生的輟學率為百分之三點一，而判斷型學生的輟學率為百分之五。也許觀察力敏銳的學生對自己與自己的職涯有更準確的認識，因此會做出更合適的選擇，所以不太可能失敗或放棄。在這項研究中，所有類型中的最高輟學率是 ESTJ 型的百分之七，這是從一開始就對醫學最不感興趣的類型。

ESTJ 型的人在全科醫生中所佔的比例也高於所有其他類型，家庭醫師的角色也不會吸引 ESTJ 型的人。一九六二年的人格分類指標手冊（Indicator Manual）建議，具有實感與情感的熱心型適合擔任全科醫生；具有直覺與情感的洞察型適合精神病學與教學；具有實感與思考的客觀型則適合外科。這些類型的人選擇這些領域的顯著頻率證實原先的假設。因此，全科醫生中普遍的「冷酷」ESTJ 型似乎不是來自對該領域的熱情，而是來自缺乏耐心，迫不及待想開始賺錢。

在一九六二年的後續研究中，最大的差異在於對感知的偏好。整體樣本中有百分之五十三是直覺型，精神病學是百分之八十二，研究是百分之七十八，神經學是百分之七十六，醫學院教職員是百分之六十九，病理學則是百分之六十八。在所有這些領域中，也偏好內向性，但程度較輕。這些複雜的領域吸引內向者的學術方法與解決問題的能力，以及直覺型所特有的對複雜事物的容忍度。

至於對立的類型，也就是外向實感型的人，更偏好外科與產科。這些科別要求醫生時時刻刻都對病人的身體狀況保有最高的感官意識。兩者都需要實作技巧，這是外向者的強項。外向實感型的人選擇產科的頻率是內向直覺型的兩倍，而選擇外科的頻率比內向直覺型多出一半。

圖36中的科別類型表，顯示科別、研究與醫學院教職員職位對十六種人格類型的吸引力。舉例來說，兒科對ESFJ型的人有很高的吸引力，SF中的情感是外向歷程，因此更加明顯。

與前者相對應的直覺型ENFJ型人，則最受到醫院全職教職吸引。擔任醫學教職，和兒科有一點點類似：都要照顧孩子，但教師照顧的是年輕孩子的智力需求，而不是小孩子的身體健康需求。

麻醉科對ISTP與ISFP的吸引力最大，內向者長久專注的能力增強了他們敏銳的SP警覺性。麻醉科對其他的SP型沒有吸引力，也就是ESTP與ESFP，可能是因為他們的外向性往往會縮短注意力持續的時間。

病理學與研究在INTJ與INTP中都特別受歡迎，他們有三種最利於客觀知識的共同

圖 36 科別對各類型的吸引力（每種類型中科別的實際頻率與預期頻率之比例）

註解：* 代表 .01 時有顯著性；** 代表 .001 時有顯著性；其他無符號者則代表在 .05 時有顯著性

實感型 Sensing Tpes

具備思考 With THinking		具備情感 With Feeling	
ISTJ		ISFJ	
病理學	1.74	痲醉科	1.76
產科、婦科	1.46		
精神科	.44		
ISTP		ISFP	
痲醉科 *	2.05	痲醉科	1.84
精神科 *	.39	全科醫生 *	1.40
病理學	.33		
ESTP		ESFP	
外科	1.38	產科、婦科	1.44
精神科 *	.25	醫學院教職員	.43
		精神科 *	.33
ESTJ		ESFJ	
全科醫生 **	1.46	小兒科	1.51
內科	.68	精神科 **	.16
精神科	.36		

直覺型 Intuitive Types

具備情感 With Feeling		具備思考 With THinking	
INFJ		INTJ *	
內科	1.42	神經科	2.75
		研究 **	2.72
		病理學 *	1.99
		內科 *	1.44
INFP		INTP	
精神科 **	2.04	神經科 *	2.35
		研究 *	1.98
		精神科 **	1.84
		病理學 *	1.78
		產科、婦科 **	.44
ENFP		ENTP	
精神科 *	1.52	全科醫生	.70
全科醫生	.73		
ENFJ		ENTJ	
醫學院教職員	1.69	內科	1.35

偏好。病理學家與醫學研究人員可以在不面對病人的情況下，處理生死攸關的問題。

前述一九六二年的第一項後續研究無法顯示科別的選擇所帶來的滿意度。第二次的後續研究查看科別的變化，顯示每種人格類型的醫生改為選擇更典型科別（改為選擇其人格類型普遍選擇的科別）的頻率與改為選擇不那麼典型科別的頻率。研究結果驚人地證實美國奧本大學新生的答案所暗示的結論，也就是直覺型的人比實感型的人更清楚或關心，任何分派的工作是否適合自己的類型（見本章一開頭）。

在那些改變科別的人中，實感型的人只有百分之五十四變為更典型的科別，這只比機率高一點點而已，而直覺型的人變為更典型科別的比例則是百分之七十一。正如以往，ESTJ 與 INFP 呈現出極端的對比。ESTJ 型的人有百分之六十八改為較不典型的分科，這代表這種改變可能是由外在環境決定的，而不是根據他們對工作本身的喜好。INFP 型的人有百分之八十三轉為更典型的分科，在所有類型中，他們似乎最關心是否有機會使用自己的天賦。

特別令人高興的是一位護校校長所說的話。她身著白色護士服，平靜可愛，眼睛盯著人格類型表，專心地聽著兩分鐘長的人格類型說明。然後將手指放在左下角的 ESTJ 上說：「這些是行政人員。」

她是對的，但她怎麼會知道呢？她應該是看著那四個字母，從簡短的解釋中挑選出與每個字母相關的顯著特徵，然後將它們組合成一幅可以識別的肖像：關注外在世界、尊重事實與注重細節的能力、基於因果關係的判斷力、立即做出決定。這四個特質，這些就是行政人員的特徵。

理想情況下，同事間會組成具有共同目標的團隊，應該為同一個總體目標努力工作。同事在類型上的差異可能是一種優勢，因為可以幫助大家從事並享受截然不同的工作。某項工作可能會對某種類型的人來說很無聊或令人困惑，因此表現不佳，但對於另一種類型的人來說，可能很有趣且很有成就感，並且處理得當。

每個人都可能在錯誤的工作中失敗，但在正確的工作中表現出色。舉例來說，內向直覺型的人一開始會將新的可能性簡單地視為想法；外向直覺型的人則會將想法轉化為行動，但當行動進行到一切都已經解決的程度，他們就沒有太大的興趣了。然而，實感型的人對於產生有形的結果相當滿意，並且會避免干擾生產力的環境。思考型的人往往在處理無生命物體（可以強迫其改變）的工作中特別有效率，而情感型的人則往往擅長與人打交道（合作不能強迫，而是必須贏得）。具有判斷態度的實感型在條理分明的工作中表現良好且感到滿足，這些工作必須遵循嚴格訂出的程序；但具有感知態度的直覺型在此類工作中會耗損，因為他們無法主動追求自己察覺到的可能性。

因此，任何團隊都應該要納入夠多人格類型的人，才能有效且令人滿意地執行所需的工作。然而，合作還是可能會遇到困難，因為在應該做什麼、如何做或是否需要做什麼上，對立類型的人通常存在意見分歧。這種分歧很自然，對立類型的感知會讓人看到情況的不同面向，而對立類型的判斷則將行動導向不同的結果。如果分歧無法解決，會傷害團隊士氣與效率，並降低工作滿意度，無論工作多適合都沒有用。

如果團隊成員能夠認清兩種感知與兩種判斷，才能妥善解決問題，那士氣與效率就能毫髮無傷。獨立解決問題的方法是連續執行所有四種歷程：透過實感來確定所有事實；透過直覺提出所有可能的解決方案；透過思考來確定每項行動可能造成的後果；透過情感來衡量以人類的角度來看，每個結果的期望程度。個人在執行這個方法的時候窒礙難行，因為較不喜歡的感知與判斷相對不成熟，因此可能無法提供可能產生的幫助，但是由個人所組成的均衡團隊中，每種歷程的熟練代表都應該至少包含一位。

透過思考每位成員的貢獻，團隊或主管就可以做出比其他方式更明智的決定。這些貢獻表明每位成員各有各的強項，也是對合作的進一步幫助。用健康的心態去尊重自己的對立類型，有助於和平有效的共存，還有助於認清並培養自己發展較差的歷程。

不同類型之間的溝通是大家普遍認為更大的問題。對某種類型的人來說是清晰合理的論述，對另一種類型的人來說可能聽起來毫無意義或荒謬可笑。某對夫妻在瞭解到彼此的人格類型有何不同之後，自豪地發表他們的見解：「如果我們爭吵十五分鐘都沒有任何結果，就要回去定義彼此的條件，因為我們並不是在談論同一件事！」

溝通要有用，就需要彼此在沒有敵意的情況下傾聽、理解與思考。當大家認為溝通無關緊要或不重要，自然就不會專心傾聽。因此，溝通應該要以保證值得一聽的主題句來開頭。當然，什麼是有趣的內容因人格類型而異，但通常可以根據聽眾的興趣來設計要以什麼方式來呈現想法。實感型的人更重視事實而不是可能性，他們希望在考慮可能的解決方案之前，先明確說明問題；直覺型的人則希望在查看事實之前，先看到有趣的可能性。思考型的人會要求陳述要有開頭、按邏輯排列的簡明要點與結尾，結尾尤其重要；而情感型的人則主要對會直接影響到人的事情感興趣。

溝通可能會被傾聽與理解，但如果引起敵意，則達不到目的。思考型的人是最有可能掉入這個陷阱中的人，因為他們往往直言不諱，但情感型的人也認為自己有理由攻擊看似錯誤的事情。任何這類攻擊都可能會引起激烈的防衛心，並導致同事之間的分裂鬥爭，而不是聯合起來解決問題。如果異議者能夠忍住不要譴責不完整的解決方案，而只是強調問題未解決的部分，其他人就可以考慮異議者的意見，也不會讓異議者沒面子，並可以根據意見擴展或改變自己的解決方法。不論團隊成員是否瞭解彼此的人格類型，這種技巧都很有效。

第四部

類型發展的動態變化

第十五章

人格類型與成長的任務

人格類型發展的本質是感知與判斷，以及以適當的方式使用。具備足夠的感知與判斷，成長就會容易得多。具有足夠感知的人可以看到任何情況的相關面向，如果他們同時擁有足夠的判斷，就能做出正確的決定，並付諸實現。不管年輕人會面臨什麼問題，適當的感知與判斷都可以讓他們以成熟且可信的方式來面對問題。因此，我們必須想想，類型理論與人格類型研究，可以如何幫助這些能力發展。

人格類型在年輕人最能夠發展的感知與判斷方面存在根本性的差異。這些偏好是與生俱來的，誰都不應該試圖改變，否則發展可能會受阻。應該利用人格類型的知識來鼓勵並增加每種類型的機會，讓他們可以在各自的方向上發展，達到自己能力的巔峰。

人格類型研究清楚表明，各類型的興趣、價值觀與需求各不相同。不同的人，會以不同的方式學習，懷有不同的志向，並會對不同的回報做出反應。現行的全民教育對於特定類型的學生很有幫助，卻未能讓其他許多學生都達到令人滿意的成熟狀態。

研究與類型理論，會如何影響一個人的成熟度，可以從兩方面來考慮。第一個是研究在實際狀況中，是什麼激發出不同的人格類型。對每種類型在意什麼瞭解得越多，就越容易預測哪些研究對象將在成年後充分發揮自己的能量。第二個是研究從嬰兒期到成年期，類型發展的正常過程，以發現哪些情況會促進感知與判斷的發展。

范．德．霍普對類型發展階段的討論，並沒有涵蓋到「這些階段可能出現在哪些年齡層」這個議題：

每種類型都有簡易模式，主要功能的分化這時候才剛剛開始，也仍在測試適應模式，儘管這時候已經可以觀察到對典型適應模式的明顯偏好。後面的階段中，主導的功能會找到自己的形式，並十分有把握地控制這些形式。在這個階段，任何不一致的東西都會被壓制下來。對少數人來說，還有更進一步的階段，在這個階段，其他功能會獲得更多發展，以補足任何一面倒發展的面向，明顯的典型樣貌某種程度也會再次修正，因為此時會展開更全面、更豐富的人性面。（一九三九，頁九十二）

最後一個階段只會出現在那些「完全按照自己的類型生活，並持續成長」的人身上。

他們因自己的類型發展得很完整，因此可以坦然面對自己類型中無可避免的缺陷。此時他們依舊保有「發展最完善的歷程所帶來的價值」，同時卻可以透過自我理解，從而認識到、並開始培養「過去所忽略的附加歷程及劣勢歷程的價值」。最終他們會超越自己的人格類型。這很令人欽佩，但如果在最佳的兩項歷程充分發展之前就試著這樣做，可能只會讓人偏離該發展，並產生負面影響。

類型發展從很小的時候就開始了。目前的假說是，人格類型是天生的，就像是慣用手這樣的先天傾向，但人格類型的成功發展可能從一開始就大幅度受到大環境的幫助或阻礙。

內向與外向可能是最根深蒂固的偏好，也是最早出現的偏好。即使是嬰兒，也可能會表現出明顯偏愛社交或偏愛沉思的型態。有一對三歲的雙胞胎姊妹，成長環境是相同的，兩人出現了非常明顯的差異，旁人也能看出她們是外向與內向的不同。而她們的需求也因此不同：外向的那位需要大量的動作、人、變化、對話與發出大量聲音的機會。她遇見的一切人、事、物，會組成她這個人，以及她的世界，而她對這個世界的理解，也是取決於她遇見多少人、事、物。內向者雖然可以利用相同的東西，但數量不如外向者來得多——太多親密相處會讓她精疲力盡。她需要一個獨處的地方，在那裡安靜地專注於自己感興趣的事情上。為了使她覺得有安全感，必須告知她外界運作的一些基本原則——雖然她的父母覺得她年紀還太小，無法理解這些原則。比起零碎、分散、看似互不相關的外界環境，活在一個完整且緊密相連的世界中，她會更加自在。

TF偏好以及因為TF偏好而造成的家庭衝突，也可能在很小的時候就表現出來。一位六歲的情感型孩子，在一位五歲的思考型孩子來訪後的一週，沮喪地說：「他不在乎別人高不高興，對嗎？」其實還真的不在乎，要有理由他才會在乎。年幼的思考型，即使只有兩歲，也會根據理由行事，不會根據感情行事；年幼的情感型則會為了取悅別人而行事，但不會受邏輯影響。要能受到影響，思考型的人與情感型的人都必須受到激勵，這些激勵來自對他們自己的類型有意義的事情。如果沒有人對年幼的外向情感型表達欣賞，他們可能會做出令人討厭的行為，只是為了引起反應，這樣他們才能與人互動；如果沒有人給年幼的思考型思考的理由，他們會花不少時間精力思考相反的意見，並且被貼上消極主義的標籤。

SN偏好也會很早就顯示出來。實感型的孩子著迷於現實；直覺型的孩子則著迷於不存在的東西，或至少現在還不存在的東西。例如「不存在的小矮人（The Little Man Who Wasn't There）」就是完全直覺型的概念。富有想像力的戲劇、童話故事、各式各樣的小說、目前只能猜測含義的迷人新詞彙等，這些都會滋養直覺型孩子的熱情與好奇心。但若直覺型的孩子出生在非常實事求是的家庭裡，若沒有時間讀書，若除了明顯的事實之外無法談論任何事，那麼他們就會無法感到滿足。

實感型的孩子則非常喜歡現實。他們喜歡模仿父母，跟父母一樣「真正的」去烹飪或敲敲打打的修補中獲得滿足感，並且對於可以碰觸、裝卸、拆開、重新組裝回去的事物相當感興趣，但對那些似乎不存在的事物完全不感興趣，除非是以文字或其他符號呈現。當實感型的孩子發現童謠裡的牛其實無法真的跳過月球，他們可能就會認為鵝媽媽童謠很愚蠢。

等孩子上國中的時候，人格分類指標就可以十分準確地辨識出他們的人格類型。從那時候開始，群體中人格類型發展的普遍程度，就可以透過人格分類指標的折半信度（split-half reliability）來加以粗略評估。每個量表都被分成相等的兩個半邊，並比較兩個半邊的結果。回答越受到人格類型影響，兩個半邊之間的一致性就越高，信度也越高。

雖然沒有成熟度的直接標準可以用，但折半信度被視為樣本反映人格類型發展的一般標準，可用於比較人格類型發展與成熟度特定間接指標之間的關係。這種方法曾用來研究三個國中的案例，而這三個樣本的成績差異很大。有鑑於成熟度是成績的一項重要因素，所以這三個樣本可能代表三種不同層級的成熟度。這三個樣本有一點是類似的：智商都高於平均；而在 EI 與 JP 方面，他們表現出與大學預科的十二年級生相同的平均信度，這代表國中學生對 EI 與 JP 的偏好已經確立，與能夠完成大學預科學業的高年級學生無異。

然而，在SN與TF上，三組的信度則以一種有趣的方式產生變化。第一組是智商高於一零七、很可能會就讀大學的七年級生，他們對SN與TF的信度明顯低於十二年級生的組別。這代表七年級生的感知歷程與判斷歷程，發展得還不夠好。

第二組與第三組的智商更高。第二組是七年級到九年級的資優生（智商一百二十以上），成績非常好。他們對SN與TF的信度與十二年級生的組別一樣高。這代表他們在感知與判斷方面都取得較早的發展。

另一種解釋是，第二組具有更高的SN與TF信度，可能只是因為他們的智商更高，但第三組的證據推翻這種解釋。第三組由智商在一百二十以上、成績不佳的八年級男生所組成。他們對TJ的信度極低，遠低於第一組，也就是可能會上大學的七年級生。TF的極低信度代表判斷歷程明顯不成熟，也就是判斷力不足。

感知與判斷比純粹的態度更難培養，而且判斷力似乎往往是成長過程中最難的部分，這很合理。第一組是普通的七年級生，大概已經達到對他們的年齡與智力來說的正常感知與判斷水準。當第二組的所有成員都在他們參加的所有標準成績測驗中獲得高分，該組的天才學生證明自己的感知與判斷比一般情況更成熟。高智商並不會自然而然地產生這樣的結果，而是需要出色地達成很多要求。第三組是成績不佳的八年級男生，他們甚至無法達到那些在他們能力範圍內的要求，因此證明他們不夠成熟。

這項證據表明，將人格分類指標中 SN 與 TF 的折半信度，當作衡量群體感知與判斷平均成熟度的指標時，可用於確定哪些課程與教學方法對成長貢獻最大。

這項證據同時還表明，有效率的群體與沒效率的群體之間的人格類型發展存在很大的差異，而這些差異早在七年級的時候就可以發現。

造成這些差異的一些原因將在以下的章節中進行探討。

第十六章

良好的人格類型發展

每種人格類型都有好與壞的例子、快樂與不快樂的人、成功者與失敗者、聖人與罪人、英雄與罪犯。不同的人格類型從不同的角度來看，都很有可能會走偏。當內向者打破道德原則，很有可能是在激憤之下明知且故意做出的舉動。當外向直覺型受到計畫執行的壓力，或者當外向判斷型懷抱著既定的目的，此時很可能就會走上「以結果來合理化手段」之路（此時很可能是為了追求無私的結局，例如某位毫無疑問是情感型的女性，從雇主那裡偷了東西，為的是要慷慨地捐給有需要的人）。最容易陷入不法行為的人格類型是外向實感型，因為他們常常未經大腦思考，就屈服於環境或損友的要求。在極端的情況下，他們可能會既沒有足夠的內向性或直覺洞察力來警告自己已經違反了哪些基本原則，也沒有判斷力來批評自己的衝動。

如第九章所述，一般的行為模式可歸因於十六種類型中的每一種，但只有在人格類型發展充分的時候，每種類型的優勢才能具體化。否則，人很可能會擁有自己類型特有的缺點，但除此之外就沒有了。

人格類型發展良好的要點

在正常的人格類型發展中，孩子經常使用偏好的歷程，而不是對立的歷程，並且在使用的時候越來越熟練。越來越能夠控制自己最喜歡的歷程，孩子也就會獲得屬於這項歷程的特質。因此，孩子的人格類型是由最常使用、最信任且最常發展的歷程所決定的。

儘管最喜歡的歷程本身可能是有用的，但只發展一項歷程並不健康，對社會也不安全，最終也可能無法滿足個人需要，因為缺乏平衡。

主導歷程需要另一個歷程來補充，也就是輔助歷程，輔助歷程可以幫忙處理主導歷程必然會忽略的區域。如果主導歷程是判斷，則輔助歷程必須提供所需的感知，反之亦然；如果主導歷程主要是內向，則輔助歷程必須提供所需的外向性，反之亦然。

因此，良好的人格類型發展需要兩個條件：首先，判斷歷程與感知歷程發展充分，但絕非平均發展，其中一個必定占主導地位；其次，擁有足夠使用的外向與內向態度，但使用上也絕非同樣便利，其中一種必定占主導地位。

這兩個條件都滿足的時候，這個人的人格類型發展就會極為均衡。在人格類型理論中，均衡並不是指兩種歷程或兩種態度完全相同。相反地，均衡意味著其中一項擁有高超的技能，輔以另一項有用但尚不具競爭力的技能。

這種輔助的必要性顯而易見，沒有判斷力的感知很懦弱，沒有感知力的判斷則很盲目；沒有任何外向性的內向不切實際，沒有內向性的外向則很膚淺。對於每個人來說，一項技能必須附屬於另一項技能，而且在於對立偏好之間做出選擇之前，該重要技能的任何方向都不會獲得發展。

在對立偏好間做出選擇的必要性

熟練的感知與判斷來自專業化，來自使用對立偏好中的其中一項，而不是另一項。為了有機會發展任何一項，必須「調節出」其中一個對立偏好。

試圖同時培養實感與直覺的技能，情況就會像收聽相同波長的兩個廣播電台一樣。如果實感在耳朵裡喧鬧，人就無法聽到直覺；而在聆聽直覺的時候，人也無法從實感中獲取資訊。這兩種體察都不夠清晰，不足以引起興趣或值得持續關注。

同樣地，如果人既不能專注於思考，也不能專注於情感，那他們的決定將取決於兩種判斷力之間不斷變化的爭論，而這兩種判斷力都不夠專業，無法永久解決問題。

年幼的孩子幾乎是隨機使用這四種歷程，直到他們開始區分這四種歷程的異同。有些孩子開始分化的時間比其他孩子晚得多，而且在發展最差的成年人中，這些歷程仍然很幼稚，因此沒有辦法成熟地感知或成熟地判斷。即使在有效率的成年人中，最少使用的兩項歷程仍然相對幼稚，主要是另外兩項歷程比較有效，因為它們已經從偏好與鍛鍊中變得成熟。

兩種熟練歷程的等級差異

這兩種熟練的歷程可以並行發展，因為它們不是對立偏好。其中一項永遠都是感知歷程，另一項則是判斷歷程，因此它們並不衝突。雖然可以相輔相成，但誰先誰後應該無庸置疑。

其中一項歷程至高無上，不受其他歷程挑戰，對於個人的穩定度至關重要。每項歷程都有自己的一套目標，正如榮格指出的，為了成功適應，目標必須「始終保持清晰明確」（一九二三，頁五一四）。其中一項歷程必須控制人的行為模式，而且應該要永遠都是相同的歷程，這樣今天做出的舉動，明天才不會後悔並推翻。

因此，在這兩個熟練的歷程中，一個必須是「將領」，另一個必須是「副官」，負責處理將領未完成的次要但必要的事情（見第一章關於輔助歷程的討論）。如果將領具有判斷力，副官必須提供感知作為判斷的依據；如果將領具有感知力，副官則需要提供決策以實現將領的願景。外向者的副官必須負責進行大部分的反思，而內向者的副官則必須採取行動。

在外向者中，其他人會與將領會面並滿足其要求。副官身處幕後，幾乎沒有地方可以表現，沒辦法讓其他人評估他的能力。在內向者中，將領在營帳內工作，而副官則負責與他人打交道。[15]如果副官技巧嫻熟又能幹，就無需把將領從營帳呼叫出來。如果副官笨手笨腳，可能就需要將領的幫助。

輔助歷程不足的結果

除了清楚地選擇自己將開發哪兩種歷程，以及這兩種歷程中的哪一個將占主導地位之外，良好的人格類型發展還需要充分使用自己所選擇的歷程。輔助歷程自然容易被忽視。外向者在外在世界使用自己的主導歷程時，可能不知道自己需要輔助歷程。

外向判斷型

感知力不夠的外向判斷型可能永遠不會發現自己的不足。當他們在沒有足夠資訊的情況下做出決定時，就會犯錯，但無法「感知」到自己對發生在身上的不幸負有責任。因為這些E—J型的人無法區分好與壞的決定，他們可能覺得自己有能力決定別人的事情，因此他們會犯許多錯誤，並以犧牲別人的利益為代價。

他們無法看見個別的人與個別情況的獨特性。他們依賴假設，包括偏見、習俗、刻板印象的態度與常見的誤解。生活在充滿陳腔濫調的世界裡，他們透過利用一個又一個的老套方法來處理幾乎任何事情，從而獲得安全感。在這樣的範圍內，他們的判斷可能迅速、一致且果斷，但不會比他們的假設好。任何反駁他們的假設，並要求針對感知付出不熟悉的努力之事，都會動搖他們的安全感。

外向感知型

沒有發展判斷力的外向感知型會有相反的缺陷，這常常使他們陷入十分艱難的困境。他們不知道做什麼才是最好，所以他們不採取任何行動。或者他們知道自己應該做什麼，但無法讓自己想要去做，因此就不去做。又或者他們想做某件事，並且知道自己不應該做，但卻無法控制自己不去做。他們往往甚至懶得問自己應不應該採取特定的行動。他們常是討人喜歡、魅力十足的人，但因為沒有判斷力，所以面對困難時不堅定，會迴避困難。他們常常認為工作很困難。

內向者

因為輔助歷程是內向者與世界打交道的時候使用的歷程，所以他們比外向者更有可能發展出足夠的輔助歷程。如果他們沒有發展良好，結果就會非常明顯且尷尬，他們與環境的所有接觸都會笨拙且無效。如果發展不夠充分，他們在行動世界中與普通的外向者打交道時，仍然將處於劣勢，儘管他們在思考世界中具有補償性的優勢。有些內向者在沒有學習如何表現外向的情況下，發展出輔助歷程。他們以這種方式在內在生活中取得平衡，但就沒有令人滿意的外向性。

人格類型發展良好的好處

如果人格類型發展良好，會有極大的優勢。作者透過觀察確信，人格類型發展是一種變量，對效率、成功、幸福與心理健康都具有廣泛且深遠的影響。

人格類型發展的程度，不僅影響先天類型的價值，也影響先天智力的價值。在一定的範圍內，人格類型發展可以替代智力，因為平均智力透過良好的人格類型發展充分利用之後，會產生遠超出預期的結果。然而，人格類型發展的嚴重缺陷，尤其是判斷力的缺陷，會構成再高的智力都無法彌補的缺陷。在缺乏判斷力的情況下，無法保證智力會在必要的時候在必要的事情上發揮出來。

特別是對於內向者來說，透過更認真看待輔助歷程的貢獻，可以適度改善平衡，也可能會帶來極大的滿足感。

務實追求良好的人格類型發展

明確選擇出一個對立偏好，並有目的地使用所選擇的歷程，有助於人格類型發展。大家檢查自己的選擇與使用所選歷程的第一步是，親眼看到每組對立偏好之間的區別，並發現哪些歷程與態度最適合自己，因為它們能滿足自己最深層的需求與興趣。

下一步是查看每個歷程適當使用與不適當使用之間的區別。適當地使用實感是為了看見並面對事實，而適當地使用直覺則是為了看到可能性並付諸實現。當我們在分析提案的可能結果，並根據結果做出決定的時候，此時最適合的歷程是思考，而情感則最適合用來考慮對自己與他人最重要的事情。

每種歷程也有使用不當的時候。不當使用的例子包括：放縱實感，逃避問題並沉迷於瑣碎的娛樂；對直覺妥協，幻想不可能的事情，提供輕鬆的解決方案；放縱情感判斷，預設一個人是多麼正確無誤且無可挑剔；屈服於思考判斷，批評任何對問題持反對意見的人。這些行為會使用到四種歷程，但沒有完成任何事情。

人在練習使用所有四種歷程的時候，經常會發現四種歷程中只有一個容易練習。舉例來說，有些人只對實感覺得自在，或者只對直覺感到自在，而對兩種判斷力都不自在。這最有可能發生在極端的外向感知型身上，並且代表判斷發展太少。

對於極端的外向感知型來說，往更令人滿意的人格類型發展邁出的第一步是，要理解自己幾乎完全以感知的態度在行事，且幾乎不使用判斷歷程。所以，他們對外在環境極為敏感，外在環境可能是新的情況、新的人或新想法。因此，極端的外在感知型會受到外在影響，而不是受到內在明確的標準或目的來支配，會缺乏一致性與方向。他們就像忘記放下「中心板」的帆船一樣，被風吹得東倒西歪。

中心板就是判斷力，也就是根據永久的標準來進行有條不紊的選擇。如果思考是判斷歷程，標準就是客觀準則；如果判斷是基於情感，標準則是相當個人的價值觀。無論是哪種方式，完善的標準都能讓擁有者按照符合長程期望的模式來行事。

因此，如果你是極端的 EP 型，你就必須要認識並建立自己的標準，並在行動之前將標準應用到選擇中，然後根據這些標準行動。

如何建立標準取決於你的 TF 偏好。如果你偏好思考，你通常會注意到因果定律，即使你還沒有將這個原則應用到自己的事務上。透過努力，你可能會猜到為什麼生活中的特定事情都無法如你所願，並且可能會看出自己應該可以做些改變。你甚至可以在有幫助的程度上預測自己行為的後果。

如果你偏好情感，你就需要有意識地檢查自己的情感價值觀。情感判斷的標準是個人價值觀，會按照重要程度排列。在考慮一項行動的時候，要權衡獲得與失去的價值。從長遠來看，透過選擇對自己最重要的價值，將能確保自己會持續對這項決定感到滿意。

當然，沒有人可以規定別人的價值。在選擇工作的時候，舒適與自由，哪個對你來說比較重要？你比較希望擁有安全感，還是擁有不斷發展的可能性，但沒有任何保障？在你看來，吃得好、穿得暖、接受良好的教育、身體健康、娛樂或受到啟發，哪個比較重要？你會更願意將精力投入到上述的哪一項？如果這是關於待人處事的問題，你會比較希望自己因為魅力而受到喜愛，還是因為真誠而受到信任？如果這是如何使用接下來十分鐘的問題，開始新計畫還是完成舊計畫會更有成就感？每個問題都會引出更多問題，而與你的狀況最相關的問題，只能由你來回答。

第十七章

人格類型發展的障礙

人格類型的基本差異，外表看起來像是興趣的差異，但這種差異非常深沉，它來自於朝向特定方向發展的自然傾向，以及對特定目標的自然渴望。朝著自然方向而成功發展，不僅會產生效果，還會帶來情感上的滿足與穩定；若阻礙自然發展則會同時影響能力與幸福。

如果發展的方向完全取決於環境，那就沒有什麼原因可以阻撓。但實際上，來自環境的壓力，正好就是阻撓人格類型良好發展的主要危害。

環境壓力

若兒童直接接觸到的環境，能夠促進他們與生俱來的能力時，就會產生人格類型發展最好的例子。然而，與孩子的能力直接衝突的環境，則會迫使他們依賴不自然的歷程或態度，結果就是人格類型的扭曲，它會剝奪受害者的真實自我，使孩子成為比其他人低劣且受挫的贗品。一開始如果有越大的可能性，則因為挫折感與未完成所帶來的壓力就越大。榮格說：「通常，每當人格類型由於外在影響而發生扭曲，個體之後就會變得神經質……人格類型的翻轉通常對生理健康極為有害，常常會引起嚴重的疲憊狀態。」（一九二三，頁四一五）

事實上，如果有些人天生沒有任何內在性格讓他們成為某一種類型，那麼外在環境就會自行決定他要發展哪一種（如果有的話）態度與歷程。當代文明讓男性偏向思考，女性偏向情感，且兩性都偏向外向性與判斷態度。外在環境本身的壓力似乎是偏向實感，因此，像白紙一樣來到世上的人都可能很快就會被寫上 ESTJ 或 ESFJ，這可以解釋為什麼總人口中有這麼多 ESTJ 與 ESFJ 型的人。[16]

在這種觀點的基礎上，人格類型理論則認為，隨時準備好接受並強迫執行從眾行為是 ESTJ 與 ESFJ 型內在性格的重要組成。因此，這些類型的盛行，可能造成我們這個時代中一些更加物化的社會壓力，而不是社會壓力造成這些類型的盛行。

對自己的類型缺乏信心

較不常見的人格類型者可能會覺得，自己的類型很稀有，這樣會對自己的發展帶來障礙。一般人中，每三位外向者就有一位內向者，每三位實感型就有一位直覺型。雖然內向者與直覺型的百分比，在即將上大學與受過大學教育的群體中高得多，但在這些群體之外，在小學與中學的形成期，內向直覺型的人大約占十六分之一（見第三章，圖4與圖6）。除非內向直覺型的人堅決懷疑「內向者不具優勢」的一般性假設，否則他們對自己人格類型的信心就會減弱。他們將不會信任並運用自己的偏好，所以，這些偏好不會發展到足以帶來好處的程度。因此，這些人無法把握事業成功的機會，而這些事業會讓他們對自己的類型產生信心。內向實感型的人，雖然在數量上沒有那麼嚴重的弱勢，但也面臨同樣的困難。

家庭內缺乏接納

如果父母理解並接受孩子的人格類型，孩子就會有堅定的立足點，可以放心做自己。但是，如果孩子懷疑自己的父母希望他們變得不一樣——而且這樣是牴觸自己的類型，那他們就會失去希望。

當父母對人格類型具備明確的瞭解，他們就可以讓內向的孩子重獲新生。如果孩子知道自己可以自由地當內向者，那他們就不會覺得「學習如何在必要時外向」是艱鉅的任務。

雖然孩子較為脆弱，但即使是成年人，也會因為心愛的人不理解或不接受自己的人格類型，而削弱對自己類型的信心。

缺乏機會

人格發展一項更明顯的障礙是，缺乏機會來運用自己喜歡的歷程或態度。父母經常會在不知不覺中，剝奪了孩子良好的人格類型發展所需的條件：年幼的內向者得不到平靜或隱私；外向者得不到足夠的與人互動與活動；直覺型的人與日常的事實綁在一起；實感型的孩子被要求透過文字學習所有事，卻無法看見或實際處理所學之事；不允許年幼的思考型爭論，也不給他們足夠的理由；情感型生長在沒有人在乎和諧與否的家庭；判斷型的所有決定都由過於果斷的父母來下達，以及年幼的感知型從未被允許去到處探索。

缺乏動機

缺乏動機往往會阻礙人格類型的發展。成長是一種擴展的過程，而孩子如果不想要努力嘗試把某件事情做好，就不會擴展自己的感知或判斷。

一旦孩子開始認真看待自身表現的品質，他們就會盡可能全面瞭解情況或問題。在這個過程中，孩子會擴展自己最佳的感知歷程。如果這個歷程是實感，他們就會專注於事實；如果是直覺，他們就會專注於探討可能性。不論是哪種方式，他們都會發展自己的感知力。在盡可能地多看之後，他們會試著選擇最合理的行動方式，而這類努力會擴展他們最佳的判斷歷程。如果這個歷程是思考，他們就會努力預見自己可能會做的每件事的邏輯結果；如果是情感，他們會權衡相關的個人價值觀，包括自己的與其他人的。在任何一種情況下，他們都會發展自己的判斷力。

然而，除非孩子有充分的理由想要做好某件事，否則這一切都不會發生，而這件事就導引到動機的基本問題。

第十八章

兒童人格類型發展的動機

快樂且高效率的人與不快樂且低效率的人之間，存在著明顯的差異。這種差異可以歸因於他們判斷力的品質。如果良好的判斷力是做出更好的選擇並採取行動的能力，那快樂、高效率者的判斷力整體上一定相當好，而低效率者的判斷力一定十分糟糕。

良好的判斷力是在任何情況下，都會費盡終生的努力去找到並做出正確的事情。因此，兒童是否會發展判斷力，取決於他們如何處理問題與不滿。那些推卸責任與不願努力的孩子，人格類型發展會停滯不前；但對於能夠解決問題的孩子來說，人格類型發展則會進步。

懂得要處理問題的孩子，會變得越來越能夠面對並解決問題，並在這種技能的引導下越趨成熟。拒絕接受挑戰、不肯去改變不滿意狀態的孩子，會發現隨著生活變得越來越複雜，他們的處境會越來越糟，要求與責任增加了，但他們處理問題的能力卻沒有提升。要達到成熟的向上提升（upward spiral），就需要努力超越當下的衝動，相形之下，向下沉淪（downward spiral）則很容易就滑進去了，因為只需要做「我自己喜歡的事情」。未發展的人寧願隨心所欲，也不願付出這樣的努力去超越當下，而所有的孩子本來就尚未發展。為了讓孩子展開向上提升，他們必須有動力去努力。

孩子需要的是確信自己可以而且必須獲得滿足。重視這種信念的父母可以將之傳給孩子，但必須及早開始，並且記住「可以」與「必須」。

被寵壞的孩子無法習得「必須」，因為他們想要什麼都能得到，不管是否是他們應得的。如果他們一發脾氣父母就屈服，孩子就會在「自己不應得到」的情況下，得到自己想要的東西。他們沒有在成人世界中習得因果關係的第一手經驗，也沒有任何評斷自己行為價值的練習——就像世界未來會評斷他們的行為價值那樣。事實上，甚至沒有人警告他們會被世界評斷。

因此，被寵壞的孩子習慣將自己所有的麻煩歸咎於外在原因。如果他們不受歡迎或不被信任，或者如果他們得到低分的成績，他們不會努力變得更討人喜歡、更值得信賴或更勤奮。發生在他們身上的一切壞事都不是自己的錯，看不到努力發展的理由，因此他們就不努力、不去發展。

另一個極端是雖然沒有被父母放縱，但卻不被愛、受到壓抑並感到氣餒的孩子。他們可能不知道自己「可以」贏得滿足感。如果他們所做的一切都不正確、不成功或不受稱讚，他們可能就會盡量少做。

由於被寵壞的孩子與灰心喪志的孩子都缺乏發展所需的必要刺激，他們的感知，尤其是判斷力，仍然很幼稚。多年以後，身體成熟，但心理卻沒有成熟。以前似乎只是孩子拒絕試著滿足家庭與學校裡相對簡單的要求，可能會變成完全無法滿足成人生活的要求與責任。

因此一個幸福的童年，不可或缺的是要讓孩子對於自己的行為與發生在他們身上的事情之間，建立一種客觀且容易理解的關係。當年輕人遵循簡單的規則（且這些規則對於意外、誤解與適度的遺忘，會給予寬容與仁慈），結果應該是獲得成年人的認可、信心與敏銳的態度。而且可以讓孩子擁有最大程度的自由來為自己做決定，以此當成他們守規矩的獎勵。當孩子明知故犯的時候，後果應該讓孩子感到不舒服才對。在這種情況下，就像學會遵守重力法則一樣，在同樣溫和但不可避免的懲罰下，他們將學會要遵守長輩的口頭吩咐與已知的規則，而且可以在十五個月或更小的年紀就學會。

若孩子察覺到，做正確的事比做錯事帶來的好處更多，並瞭解這是生活中的一項事實，孩子便有動機在自己的行為中把「正確的事情」與「錯誤的事情」區分開來，並做出正確的事情，即便不是那麼愉快、目前不太有吸引力或不太有趣。自此，孩子就開始發展出判斷力。

一旦兒童展開向上提升式的發展與成長，效果就會漸增。孩子表現得更好的時候，他們會越來越容易被其他人接受，尤其是自己的家人，並且可以獲得更多發展的優勢與機會。一般來說，無論他們做什麼都會成功。不成功的時候，孩子會探討自己做錯什麼，因為經驗告訴我們，做正確的事情會帶來成功。如果經過誠實的審查之後，他們還是找不到任何錯誤，就可以停止擔心，因為他們從經驗中知道，自己只需要盡力而為。年輕人如果能提早且更容易從父母的權威中解放出來，對他們來說這是很大的滿足。如果孩子一直在承擔責任，他們的父母就不會害怕讓他們承擔更多責任，因為這樣的孩子已經準備好長大。

然而，處於向下沉淪螺旋中的年輕人，一直沒有機會承擔任何責任，可是「不得不長大」的事實在不知不覺中讓人害怕。不少成人精神官能症可能是來自於童年的溺愛，而不是童年的創傷。當孩子的人格未能發展，最合乎邏輯的結果就會造成內疚感或無力感。那些本來可以且應該發展，但卻未能發展的人，不應該將缺乏發展解釋為：是由於「不是他們自己的錯」的長期經驗所導致。這些人最終需要靠自己的力量讓發展的進程開始運轉。如果內疚感讓他們相信自己應該可以做得更好，那內疚感就可以成為這種力量的一部份。內疚感會迫使他們努力找出自己應該做什麼，並加以完成。

不幸的是，內心對於付出努力的抗拒，似乎與所需付出的努力成正比。發展良好的人格類型會相對容易去發現並注意到，內疚或疑慮所提出的警告，並改變自己的行為，因為他們的感知與判斷就是為了此目的而訓練的。有嚴重類型缺陷的人，尤其是判斷力缺陷的人，似乎不只會反對付出努力，甚至還會拒絕承認應該要付出努力。

常見的拒絕努力原因包括以下：「試也沒有用，因為我做不到要求的事情。」涵蓋的範圍從單純的自卑感到失能的身體症狀都有，例如真正的歇斯底里視盲（hysterical blindness）與癱瘓。「要求的事情不值得做。」在這種情況下，教育可能會被貼上廢話的標籤，得體的舉止被批評為裝模作樣，任何認真工作的人都被視為傻瓜。「我已經做了我該做的事，但沒有得到我應得的。」孩子可能會聲稱老師偏心、其他小朋友組小圈圈、教練不給大家機會，或日後的老闆偏袒，或者制度不公平。

這樣只會阻止人有效地處理問題，因為這樣會阻撓必要的第一步，也就是指出一個人可能做錯什麼事。如果這樣的反駁已經成為習慣，那這個人就會停止嘗試，展開向下沉淪的螺旋。

然而，從一開始，孩子們就可以相信：滿足感是可以而且必須贏得的。家庭與學校都應該為孩子提供做好特定事情的經驗，從而獲得他們渴望的滿足感。因為不同類型的人有不同的天賦與需求，所以不可能所有孩子擅長的特定事情與渴望的滿足都一樣。

學校為了避免傷害成績不好的學生，而廢除成績單，這樣的做法不對。為了促進發展，學校不應該忽略卓越表現，而是應該透過同時獎勵非學術的卓越表現，讓表揚多樣化，最好是那些不依賴直覺的卓越表現。

一位六歲孩子的母親也體會出類似的結論，並以一種聰明的方式付加以實踐。她看出，如果要讓兒子擁有優秀的特質，就得從頭培養。她選擇培養「堅持」，她的兒子對堅持沒有興趣，但他非常喜歡棉花糖。如果孩子一天的表現「不錯」，他可以獲得兩顆棉花糖；表現「極好」，他可以得到三顆；特殊成就，則是四顆。當然，一開始，他的母親必須擔任他的判斷力，但動機足以讓他把注意力集中在好與壞之間的區別。最終，他自己的判斷力會接管，這會成為他所做的一切的一部份，並為他贏得可靠的聲譽。

只要孩子努力把事情做好，拿出優異的表現，這時就會促進人格類型的發展。正如榮格曾經說過的，如果他們種好一顆高麗菜，他們就能從自己所在的地方拯救世界。卓越表現不一定是競爭的結果（例外則是，孩子可以努力試圖超越自己過去的表現），美德不一定是對自己的獎勵。努力所獲得的滿足，可以是任何能夠為孩子提供最強烈動機的東西，舉例來說，實感型孩子額外的快樂或所有物、直覺型的特殊自由或機會、思考型的新尊嚴或權威，以及情感型更多的讚美或陪伴。

每當孩子們贏得滿足感，他們就會在向上提升的發展中走得更遠。做好某件事所付出的努力會鍛鍊感知與判斷，並讓孩子為處理下一個階段的問題，做出更好的準備，他們贏得的每一次滿足都會增強自己的信念，相信努力是值得的。當孩子們長大成人，進入不寬容的大人世界，在這個世界裡，一切真正令人滿意的東西都必須透過努力贏得，孩子已經準備好贏得自己的滿足感。

終章

不論你身在何處，只管向前

在本書前面各章節都寫完，並且擱置了很久之後，我才寫下這最後一章。這段日子越來越清晰地向我表明，若能理解人格類型，可以為人類的生活做出多大的貢獻。不管大家第一次聽說「兩種感知」與「兩種判斷」的時候，是年紀還小，還是上了高中生、成為父母或祖父母，每個人自己的人格類型發展越豐富，對自己的人生來說，都可能是一場值得的冒險。

十年前我比較沒有自信，如果這本書在當時出版，就會結束在上一章，並且會給讀者一種印象，好像人格類型發展是按照時間表運行，必須在特定年齡之前實現，否則就根本不會實現。我現在不那麼覺得。任何關心並瞭解自己的天賦且適當使用這些天賦的人，都可以在任何年齡達到良好的人格類型發展。

無論身在什麼階段，若能清楚瞭解人格類型發展的基礎，將有助於大家從自己所在之處繼續前進。正如本書通篇所說，人類用頭腦所做的幾乎所有事情，都是感知行為或判斷行為。任何事情的成功都需要感知與判斷，並依序進行。在人能夠正確決定如何處理一種情況之前，他們必須找出問題所在與備選方案。發現是感知練習，而決定則是判斷練習。為了確保在判斷之前使用感知，人必須瞭解兩者之間的區別，並能夠分辨出自己在特定時刻使用的是何者。後者的技能可以透過在小事情上練習而獲得，舉例來說，在夜裡聽到雨聲時會想：「為什麼會有聲音？在下大雨。」這就是感知。如果接著想：「我最好檢查一下是否正在下雨！」這就是判斷。

在兩種截然不同的感知中，實感是透過視覺、聽覺、觸覺、味覺與嗅覺對現實的直接感知。觀察確定的事實需要實感，這在享受日出時分、海灘上的海浪拍打聲、速度帶來的快感與身體的平穩運作時都同等重要。直覺則是對超出感官範圍的事物間接感知，像是事物的意義、關聯與可能性。每當人閱讀、書寫、交談或聆聽，直覺都會將詞語轉化為意義，並將意義轉化為詞語。當大家邀請未知的事物進入自己的意識，或滿懷期待地等待可能性、解決方案或靈感，此時使用的就是直覺。直覺最適合用來瞭解情況該怎麼處理，以「我覺得如果」開頭的想法可能是直覺。「我明白了！」的宣告是一閃而過的直覺，而靈光乍現時「啊哈！」的想法則表示直覺讓我們想到一些啟發人心與愉快的事情。

如果人更偏好實感，就會更常使用它，並擅長注意並記住所有可觀察到的事實。因為這時候人對現實的經驗與知識不斷增長，實感型的人往往變得很現實、務實、觀察力強、喜歡玩樂，並且善於處理大量事實。

偏好直覺的人往往很懂得如何發現可能性，他們瞭解到，如果自己充滿自信地尋求機會，就可找到新機會。重視想像力與靈感，直覺型的人擅長新想法、新專案與解決問題。

思考就是一種判斷，且思考合乎邏輯，並刻意追求客觀，但它不包括所有巧妙的心智活動，其實大部分都是直覺的產物。思考會分析因果關係，辨別真偽。另一種判斷則是情感，它是刻意追求主觀，並基於個人價值觀。情感會區分有價值與沒價值、較有價值與較沒價值，並保護情感型的人最重視的東西。雖然情感判斷很主觀，但不一定是以自我為中心，最好的情況是，它會考慮已知或可推斷的他人感受。情感不應該與情緒混為一談，事實上，榮格稱情感為理性歷程。

思考型的人最擅長處理那些可預測、（像機器一樣）有邏輯的人類反應。思考型的人本身往往合乎邏輯、客觀且一致，他們常常透過分析與權衡事實來做出決定，包括那些令人不愉快的事實。

透過與人打交道來培養技能的情感型，往往富有同情心、鑑賞力與機智。在做決定的時候，情感型的人可能會極為重視相關聯的個人價值觀，這也包括其他人的價值觀。

這四種歷程：實感、直覺、思考與情感，是所有人與生俱來的天賦。這些歷程供每個人發展與使用，以面對現在與形塑未來。

個人邁向卓越之路

每個人都必須靠自己來認識自己的真實偏好：到底是實感還是直覺，是思考還是情感等等。根據類型理論，偏好是天生的，但正如父母經常想讓左撇子的孩子變成右撇子一樣，父母可能會想將實感型的孩子轉變為直覺型，或將思考型的孩子轉變為情感型，以符合父母自己與生俱來的偏好。除非堅決抵抗，否則這種壓力會嚴重阻礙一個人發展自己應有的天賦。

人天生偏好的感知與判斷方式會決定我們如何最充分、最有效地成長，並獲得自己最大的個人滿足。當人有目的地使用自己最喜歡的兩個歷程來做好某件事，我們在這些歷程中的能力就會提高。當然，我們常傾向「只要使用這兩項歷程來做所有的事情」，而不去管它們是否符合目標。

當我們認知到在特定情況下，其中一項歷程比另一項更適合，就可說是達到了類型發展的重要里程碑。如果沒有這種認知，人就不會有意識地去關心，或是去注意到自己正在使用的是哪種歷程。當我們理解到實感比直覺更適合用來收集事實，但直覺更適合用來發現可能性；或者思考更適合用來組織工作，但情感更適合用來處理人際關係的時候，我們就掌握到如何更有效地利用自己所有天賦的關鍵，並將其用在自己的領域上。

人格類型的全面發展包括熟練地掌握主導歷程，主導歷程實際支配著其他三種歷程，並負責設定人生的主要目標。人格類型發展還取決於熟練使用輔助歷程，這對取得平衡來說至關重要，因為如果主導歷程是感知，則輔助歷程負責提供判斷力；如果主導歷程是判斷，則輔助歷程負責提供感知力。最後，完整的人格類型發展需要學會，如何適當地使用那兩個較不偏好且較未發展的歷程。

較未發展的歷程會變成問題，在管理這些歷程的時候，有一個很有用的方法，就是將實感、直覺、思考與情感視為共同生活在同一個屋簷下的四個人。主導歷程是一家之主，輔助歷程則是副指揮官，兩者相輔相成，互不侵犯對方的領域。但在大多數的情況下，另兩個較未發展的歷程會提出不同的觀點（源自於對立的感知），也會提出不同的行動計畫（源自於對立判斷）。

完全拒絕聽取異議者的意見並不能解決問題，這樣只是禁錮心智歷程，就像地牢中的奴隸一樣，如果被壓制到極致，最終會爆發，並在暴力反抗中清醒過來。因為在偏好的歷程發展時，另兩個較未發展的歷程必然會被忽視，所以它們並不成熟，不能期望它們提供深刻的智慧。

然而我們可以採用一種對自己有利的策略，就是把那些較未發展的歷程，視為是家庭中較年幼的成員，它們有權在做出決定之前在家庭中發言。如果分配給它們的任務恰好可以讓它們發揮到天賦，或者它們提供的協助與貢獻有獲得其他成員的讚賞及肯定，它們就會像孩子一樣逐漸變得聰明，貢獻的品質也會穩定提升。

感知的用途

決策的精準度，也就是判斷，是取決於該決策所依據的資訊精準度。有時需要使用感知，有時需要使用判斷，而且是按照「先感知後判斷」的這個順序。事實上，最明智的決定是基於實感與直覺。

每種感知都有其適當、不可或缺的用途。實感在實際事物中的最大效用在於，能夠掌握實際存在情況的覺察與相關的事實。對直覺型的人與培養中的實感型來說，實感最重要的面向就是尊重事實。直覺型的人天生對可能性的興趣就大於對現實的興趣，因此若放任讓「可能性」無限發展，就可能會犯下嚴重的錯誤：忽略事實，忽略事實所造成的限制。當直覺型的人無法接受現實，無法處理現實，則他們原本的可能性，就會變得不可能了。

任何一種感知歷程如果變得絕對，都可能會弄巧成拙，會切斷對立偏好的所有幫助。如果直覺型的人假設，在所討論的問題上已經沒有需要知道的事實，或者已經知道所有事實，或者他們不知道的事實不重要，就會阻止實感提供幫助。

同樣地，如果實感型的人假設自己已經看到所有看得到的東西，他們就會完全關閉自己的直覺，因此直覺無法針對實感型有意識的想法做出貢獻。習慣性做出這些假設的人不喜歡突發事件，因為他們的安全感仰賴經驗法則告訴他們該做什麼。當他們經驗之外的事情有可能發生，他們只能放棄並任其發生，否則就盲目處理。當碰到威脅時，這兩種方式都沒用，都會帶來壓力，此時邀請直覺來幫忙解決問題會好得多。

判斷的用途

在必要的地方進行直接判斷是必須獲得的基本技能，有些人不喜歡「判斷」這個概念，因為他們認為判斷很專制、具有限制、過於任意。這種想法沒有抓到重點。判斷是人互相使用在彼此身上的東西。判斷應該要用於自己關心的事，以便將自己的天賦、責任與生活管理得更好。

有時候判斷僅與個人相關，像是塑造個人行為標準或選擇目標。後者涵蓋的範圍很廣，因為不同人格類型的滿意度差異很大。一位 INTP 型的人曾經寫道：「對我這種類型的人來說，尋找真相是最重要的事情。我甚至感到驚訝，自己居然願意犧牲個人的舒適與幸福來理解真相。」對 ISTJ 型的人來說，主要的滿足可能來自自己的社群所表達的信任與尊重，因為他們長久以來都提供可靠的公共服務且為人正直；對 INFP 型的人來說，他們專注於人的可能性，主要的滿足可能在於可以幫助他人的溝通理解；對 EFJ 型的人來說，主要的滿足則可能在於友誼與人際關係。

然而，大多數的決策都與當前情況有關，需要邏輯（思考）或機智（情感）。人自然會根據偏好的判斷來做出決定，卻沒有考慮適用性，這是個錯誤。如果瞭解每種判斷的優點，思考型的人就可以利用情感來贏得合作，而情感型的人則可以利用思考來仔細審視後果。

如果一個人比較信賴思考，思考就會拒絕讓路給情感，即使只是暫時的讓路也一樣。但如果情感明顯只是為思考服務，那就可以克服這道阻力。思考型的邏輯基於事實，而情感就是事實。由於他人的感受會導致意想不到的困難，思考型的人需要將自己的感受看作重要的原因，將他人的感受視為重要的影響。涉及其他人的時候，如果有情感的輔助，思考型的邏輯就會更加準確且成功。

同理，如果一個人比較信賴情感的判斷，則情感就會抵抗來自思考的挑戰，但可以容忍暫時關閉自己，因為我們瞭解思考只有在為情感服務的時候才會接受諮詢。如果讓思考有機會預測，預期行為可能帶來的不幸後果，就可以好好地提供珍視的情感價值。

在團體中解決問題

在包含多種人格類型的團體活動中，很容易看出每種歷程對這個團體的共同任務所做的貢獻。舉例來說，實感型的人可能會對情況有準確的瞭解，並記得其他人可能忘記或忽略的事實；直覺型的人則有很多方法可以規避困難，並經常提出新的處置方法。思考型的人往往對原則持懷疑的態度，並很快就會對毫無根據的假設提出挑戰，預見可能會出錯的地方，指出計畫中的缺陷與不一致之處，並在大家偏離主題的時候將他們拉回正軌。情感型的人在乎和諧，當明顯的意見分歧出現，他們會尋求和諧，為每種類型（包括他們自己）保留對該類型最有價值的部分。

在另一方面，如果這個團體由相當不同的人格類型所組成，就會比同類型的團體更難達成共識。可是此時決策的依據會更廣泛，考慮更周全。因此可以避免許多不可預見的因素，免得導致糟糕的結果。

利用問題培養技能

適當使用感知與判斷的能力是一種可以練習而得的技能，而生活提供許多可以用來練習的技能。當我們面臨需要解決的問題、需做出的決定或需處理的狀況時，不妨試著一次使用一種歷程，有意識且帶有目的地使用，讓每種歷程在各自的領域，不受其他歷程的干擾。請按照以下的順序進行：

■讓實感面對事實，注重現實，準確地瞭解情況，瞭解目前正在採取什麼措施。實感可以幫助你避免可能會掩蓋掉現實的一廂情願或情緒。要啟動你的實感歷程，可以這樣思考：眼前的情況在一個明智、公正的旁觀者眼中，看起來是什麼樣子。

■讓直覺去發現所有可能性。你可以改變情況、改變自己的方法或其他人的態度。試著拋開自己的自然假設，不要認為自己一直以來做的都是對的。

■讓思考客觀地分析因果關係，包括替代方案的所有結果（好與不好的結果），以及那些你偏好的解決方案會帶來的有利及不利的結果。考慮其所涉及的所有成本，並檢視一下自己有沒有因為出自對某人的忠誠、對某事的喜好、對自己立場的不願意改變，而造成負面的結果，卻一直刻意忽略這些負面結果。

■讓情感權衡自己對於每種選擇將會獲得或失去某些事物的關心程度。在進行新的評估時，盡量不要讓暫時的事情比永久的事情優先，不論眼前的可能性是否令人感到愉快。還要考慮其他人對各種結果所產生的合理與不合理的感受，並將自己與他人的感受納入事實之中，以決定哪一種解決方案最有效。

由於你考慮過事實、可能性、結果與人類價值觀，最終的決定將會比平常擁有更堅實的基礎。

以上練習中，有些步驟比較容易，有些步驟可能較難，而那些會使用到你最佳歷程的步驟則很有趣。有的步驟一開始可能會很困難，因為需要與你十分不同的人格類型的優勢，而你幾乎沒有練習過那些優勢。問題很重要的時候，你不妨去諮詢那些天生具有這些優勢的人，因為他們可能會對情況有截然不同的看法，並且可以幫助你理解並利用自己忽略的另一面。

學習在必要的時候使用自己較不喜歡的歷程，這是很值得的，不僅能為當前的問題提供更好的解決方案，而且還可以讓你做好準備，以更多技能處理後續的問題。

在職業選擇中利用人格類型

瞭解自己偏好哪種感知與判斷，可以幫助我們選擇職業。當然，人都想要有趣且愉快的工作，所以我們想要的職業最好是可以使用自己最好的感知與判斷，且不需要使用太多對立的歷程。開始尋找職業的好方法是，看看哪些職業吸引到的人，最喜歡的感知與判斷與你相同（見第十四章）。也不要看輕其他領域，如果不受自己類型歡迎的領域吸引著你，透過提供互補能力與提倡需要進行的改革，你可能會證明自己在該領域很有價值。但是請記住，如果該職業中的大多數人在感知與判斷歷程中都與你對立，則他們不太可能給你很大的支持，反而是你會需要去瞭解他們的人格類型，並在需要他們合作的時候仔細溝通。

外在與內在世界

找到可以發揮自己最佳技能且有興趣的領域之後，請考慮自己是更偏好在充滿人、事、物的外在世界中工作，還是喜歡在概念與想法的內在世界中工作。儘管你同時生活在兩個世界中，但你在其中一個世界肯定更自在，在那裡你可以盡自己最大的努力工作。

如果你是外向者，看看你正在考慮的工作是否有足夠的行動或人與人之間的互動，來讓你時時保持興趣；如果你是內向者，則考慮一下這份工作是否會讓你有足夠的機會專注於自己正在做的事情上。

外在世界的判斷與感知歷程

你在判斷與感知之間的偏好，會決定你人格類型的最後一個字母。J型的人主要依靠判斷來處理人、事、物，他們想要規範並控制人生，有計畫且有條不紊地生活；P型的人，則常常依賴感知歷程，以靈活、自發的方式生活，想要瞭解並適應人生。

如果你是判斷型的人，請瞭解自己正在考慮的工作是否具有合理的可預測性與組織性，或者是否必須時時刻刻隨機應變；如果你是感知型的人，則請大致瞭解自己一天內需要做出多少決定。

在人際關係中使用人格類型

偏好相同感知與判斷的兩個人，最有可能相互理解。他們看待事物的方式幾乎相同，也會得出類似的結論。他們會覺得同樣的事情很有趣，並認為同樣的事情很重要。在只有感知或只有判斷上相似，但不是兩者都相似的兩個人，能夠形成良好的工作關係。他們的共同偏好讓他們有共同點，而他們不同的偏好則讓他們在作為一個團隊的時候，會比單獨一人的時候擁有更廣泛的專業知識。

當同事在感知與判斷上存在差異，就會遇到問題。如果彼此互相尊重，一起工作會學到一些有價值的東西；但如果彼此不尊重對方，將會以失敗告終。作為一個團隊，他們在兩種感知與兩種判斷上都有自己的技能。需要充分瞭解對方，才能看到對方技能的優點並加以利用。

如果夫妻在這方面存在差異，他們的婚姻可能會很美滿，但前提是雙方都能欣賞對方的長處。因為婚姻可能是所有人類關係中最人性化的一種，所以本書有一整章在介紹婚姻（見第十一章）。

如果認定偏好上的對立有優劣之分，那麼會使得任何關係都受到影響。如果父母試圖讓孩子成為自己的複製品，親子關係就會受到嚴重的影響。父母希望孩子成為某種「孩子絕對不是那樣」的類型時，孩子很難達到父母的期望。情感型的孩子可能會試圖掩飾自己的人格類型，而年輕的思考型可能會以敵意來反抗，但這兩種反應都無法恢復他們失去的自信。在接受人格分類指標測驗之後，不少有過這樣童年經歷的成年人都說：「知道自己成為這樣的人是正確的事，真是一種解脫！」

在溝通中使用人格類型

若偏好對立的人從小一起長大，可能基本上不知道如何有效地與彼此溝通。思考型的人以思考的方式溝通，情感型的人以情感的方式溝通，這在他們與自己的類型溝通時有用。然而，當他們需要對立型的同意或合作，就不太有用了。

思考型的人天生就事論事，他們對自己認為錯誤的任何事情都抱持批評的態度。他們會根據邏輯得出明確的意見，應該如何採取不同的做法，不太在意自己或他人的感受。當他們與情感型的人意見分歧，思考型的人可能會有力且直率地表達自己的不同意見，情感型的人會因此感覺自己受到攻擊，而無法達成協議或合作。

與情感型的人溝通時，應該要好好利用他們的情感。他們珍惜和諧，寧願同意也不願拒絕。思考型的人需要批評某項提議或不同意某件事情時，應該先提出自己同意的觀點。確定思考型的人與自己同一陣營之後，情感型的人就會準備好讓步以保持和諧，採取同一陣營。接著就可以討論分歧點，而不是爭吵。思考型的邏輯與情感型對人的理解，都可以對問題產生影響。

情感型的人與思考型的人溝通時，應該要盡可能合乎邏輯、有條理。情感型的人應該要注意，不要忽視思考型的人給出的事實與理由。儘管情感型的人對自己所倡導的價值抱有強烈的信念，但他們必須尊重思考型的人對結果的成本所做的估計。

如果你是情感型的人，請記住，思考型的人仰賴因果關係的推理，但到有人告知他們之前，他們通常不知道別人對事情的感受是什麼。因此，簡短且愉快地讓他們知道你對事物的感受，讓他們可以將你的感受納入他們可以預期結果的原因中。

實感型與直覺型之間的溝通，通常還沒開始就中斷了。如果你是直覺型的人，則需要遵守以下規則：首先，一開始就要明確說明自己在說什麼。（否則，你就是在要求你的實感型聽眾，在弄清楚你指的是什麼之前，都要牢記你所說的話，而他們很少認為值得這麼做。）

第二，把話說清楚。你知道你想說什麼，但你的聽眾不知道。第三，在改變話題的時候告知聽眾。最後，不要在主題之間來回切換，你的聽眾看不到括號。講完一個重點再明確地移動到下一個重點。

如果你是實感型的人，可能會覺得直覺型的人所說的話，完全忽略了你認為正確的事實，或甚至與事實相矛盾。但請不要無視對方說的話，或認為對方說的話很愚蠢。它有可能包含一些可能有用的想法，而你的事實應該也會對發想出該想法的人，帶來幫助。

有建設性的作法是，陳述自己的事實，為這個主題做出貢獻，而不是反駁這個想法。幾乎任何進展都需要雙方的貢獻，這些貢獻來自實感型的事實與直覺型的陌生想法。

最成功的妥協會保留每種類型的人認為最重要的好處。當大家真正關心的是特定的價值，且可以將之納入另一個計劃，通常就會為整個計畫全力以赴。實感型的人希望解決方案可行；思考型的人希望解決方案系統化；情感型的人希望解決方案符合人類的喜好；而直覺型的人則希望為成長與進步敞開大門。這些都是合理的期望，只要有理解與善意，它們應該都可以實現。

大家意見不同的時候，有關人格類型的知識可以減少摩擦並減輕壓力。此外，這些知識也展現出差異的價值，沒有人必須擅長所有的事情。透過發展個人優勢、防範已知的弱點，並欣賞其他類型的長處，生活會比每個人都一樣的情況更有趣、更像是一場日常探險。

展望未來

五十多年來，我一直從人格類型的角度看世界，並一直都覺得很有幫助。對人格類型的理解，也可以對社會帶來益處。更廣泛且更深入地理解多樣性的天賦，最終可以減少對這些天賦的濫用或不使用，可望減少潛力的浪費、機會的損失，以及輟學與違法的人數，甚至可能有助於預防精神疾病。

不管你的生活環境如何，無論你的個人關係、工作與責任如何，對人格類型的理解都能讓你的感知更清晰，讓你的判斷更準確，讓你的生活更接近你內心的渴望。

正如我們一個身子上有好些肢體，肢體也不都是一樣的用處。
我們這許多人，在基督裡成為一身，
互相聯絡作肢體，也是如此。
按我們所得的恩賜，各有不同。
或說預言，就當照着信心的程度說（預言）；或作執事，就當（專一）執事；
或作教導的，就當（專一）教導；或作勸化的，就當（專一）勸化……

《聖經》〈羅馬書〉第十二章：第四節到第八節

實感類型

		思考	情感
內向	判斷	**ISTJ** 內向實感，思考	**ISFJ** 內向實感，情感
內向	感知	**ISTP** 內向思考，實感	**ISFP** 內向情感，實感
外向	感知	**ESTP** 外向實感，思考	**ESFP** 外向實感，情感
外向	判斷	**ESTJ** 外向思考，實感	**ESFJ** 外向情感，實感

直覺類型

情感	思考		
INFJ 內向直覺，情感	**INTJ** 內向直覺，思考	判斷	內向
INFP 內向情感，直覺	**INTP** 內向思考，直覺	感知	
ENFP 外向直覺，情感	**ENTP** 外向直覺，思考	感知	外向
ENFJ 外向情感，直覺	**ENTJ** 外向思考，直覺	判斷	

註釋

1 Van der Hoop (who includes the effects of the auxiliary in his descriptions of the types) makes this point explicitly. "The subsidiary function frequently tends to control adaptation in the direction towards which the dominant function is not oriented. For example, an introvert of thinking- type will employ his instinct [sensing] or his intuition particularly for purposes of external adjustment. Or an extraverted intuitive will seek contact with the inner world through thought or feeling." (1939, p. 93)

2 The revised translations of these quoted passages may be found in the Bolligen Series XX, Vol. 6 (Jung, 1971), pp. 405, 406, 387, and 340.

3 "Sensational" also has distracting connotations which have been avoided by use of the shorter form "sensing," and "process" has been used instead of "function," so that the mental processes of perception and judgment may be discussed at any level without the distraction of a less familiar term.

4 See Chapters 4–7, Figures 24–27.

5 Form D2 has been supplanted by Forms G and F; see Myers, 1962.

6 In an early, unpublished study by Isabel Briggs Myers, the Type Indicator was given to male students from eleventh and twelfth grades of a high school serving the whole city of Stamford, Connecticut. Introverts made up 28.1 percent of the 217 students in the eleventh grade and 25.8 percent of the 182 in twelfth grade.

7 Hence, the importance of firm, fair discipline in building a person's character from infancy on. At the start, the parents are the children's judgment. If parents waver, the children have nothing to judge by, but if parents set a consistent standard by which the young ones must measure their conduct and govern themselves, the parents give the priceless habit of judging one's own actions, years before the children are old enough to set up their own effective standards. Self-judgment is the beginning of character. Undisciplined children acquire it much later, more painfully, and less thoroughly, if at all.

8 In introverts these characteristics are somewhat modified by the percep- tive nature of the dominant process

9 In introverts these characteristics are somewhat modified by the judging nature of the dominant process.

10 An introverted sensing type said about an extraverted admirer: "He complains that when we are together he does all the talking. Really, it is a two-way conversation—what he says to me and what I say to me. Only what I say isn't out loud."

11 This incident is from the author's unpublished personal research at First Pennsylvania Bank (Philadelphia). Frequency ratio is from Chapter 3, Figures 6 and 7, showing data gathered by author and processed by Educational Testing Service.

12 Author's unpublished research.

13 The Monograph entitled Myers Longitudinal Medical Study, which de- scribes both follow-up studies, may be obtained from the Center for Applications of Psychological Type, 1441 Northwest 6th Street, Suite B- 400, Gainesville, Florida 32601.

14 The total drop-out rate from medical school is somewhat higher than these percentages would indicate. The known permanent drop-outs from this sample included neither those students who dropped out before their class took the Type Indicator, nor those who dropped out temporarily and later were admitted to and graduated from another school.

15 The last letter of the type formula, J or P, shows whether the outer world is dealt with in the judging or the perceptive attitude. In extraverts the last letter describes the General; in introverts it describes the Aide. The first letter, E or I, always describes the General.

16 An early, unpublished study by Isabel Briggs Myers is the basis of statements in this chapter about the frequencies of types in the general population. The Type Indicator was given to male students from the eleventh and twelfth grades of a high school serving the whole city of Stamford, Connecticut. Among the 217 students in the eleventh grade,

28.1 percent were introverts and 26.7 percent were intuitives; among the 182 twelfth-graders, 25.8 percent were introverts and 33.0 were intuitives. The percent of intuitives may have increased because of sensing types leaving school after their attendance was no longer compulsory.

參考書目

- Bogart, D. R. (1975). Myers-Briggs Type Indicator preferences as a differentiating factor in skill acquisition during short-term counseling training. Unpublished paper.
- Briggs, K. C. Unpublished research.
- Bruner, J. S. (1960). The process of education. Cambridge, MA: Harvard University Press.
- Grant, W. H. (1965). Behavior of MBTI types (Research report). Auburn, AL: Auburn University Student
- Counseling Service.
- Gray, H., &Wheelwright, J. B. (1944). Jung's psychological types and marriage. Stanford Medical Bulletin 2, 37–39.
- Gundlach, R. H., & Gerum, E. (1931). Vocational interests and types of ability. Journal of Educational Psychology, 22, 505.
- Hay, E. N. Personal communication, 1943–1946.
- Hebb, D. 0. (1949). The organization of intelligence. New York: Wiley. Hunt, J. M. (1961).
- Intelligence and experience. New York: Ronald Press.
- Jacobi, J. (1968).The psychology of C. G. Jung. New Haven, CT: Yale University Press.
- Jung, C. G. (1923). Psychological types. New York: Harcourt Brace.
- Jung, C. G. (1971). Psychological types. Bollingen Series XX. The Collected Works of C. G. Jung (Vol. 6). Princeton, NJ: Princeton University Press.
- Kanner, J. (1975). Personal communication.
- Laney, A. R. (1946–1950). Personal communication.
- Laney, A. R. (1949). Occupational implications of the Jungian personality function- types as identified by the Briggs-Myers Type Indicator. Unpublished master's thesis, George Washington University, Washington, DC.
- MacKinnon, D. W. (1961). The personality correlates of creativity: A study of American architects. Berkeley, CA:

Institute of Personality Assessment and Research.
- MacKinnon, D. W. (1962). Personal communication.
- McCaulley, M. H. (1977). The Myers longitudinal medical study (Monograph II).
- Gainesville, FL: Center for Applications of Psychological Type.
- McCaulley, M. H. (1978). Application of the Myers-Briggs Type Indicator to medicine and other health professions (Monograph I). Gainesville, FL: Center for Applications of Psychological Type.
- Miller, P. V. (1965). The contribution of noncognitive variables to the prediction of student performance in law school. Unpublished doctoral dissertation, University of Pennsylvania.
- Miller, P. V. (1967). The contribution of noncognitive variables to the prediction of student performance in law school. Follow-up study, University of Pennsylvania.
- Myers, I. B. (1962). The Myers-Briggs Type Indicator®. Mountain View, CA: CPP, Inc.
- Myers, I. B. (1976). Introduction to type® (rev. ed.). Mountain View, CA: CPP, Inc.
- Myers, I. B. Unpublished research.
- Myers, I. B., & Davis, J. A. Relation of medical students' psychological type to their specialties twelve years later (ETS RM 64–15). Princeton, NJ: Educational Testing Service.
- Nippon Recruit Center. (1977). Report on Japanese translation and examination of MBTI. Tokyo: Nippon Recruit Center.
- Piaget, J. (1936). Origins of intelligence in children. New York: International Universities Press.
- Pines, M. (1966). Revolution in learning. New York: Harper & Row.
- Plattner, P. (1950). Glücklichere ehen: Prakzische ehepsychologie. Bern: H. Huber. Rowe, M. B. (1974). Pausing
- phenomena: Influence on the quality of instruction. Journal of Psycholinguistic Research, 3, 203–224.
- Rowe, M. B. (1974). Wait-time and rewards as instructional variables, their influence on language, logic, and fate control. Part 1: Wait-time. Journal of Research in Science Teaching,11, 81–94.
- Spranger, E. (1928). Types of men. Halle, E. Germany: Niemeyer.
- Stephens, W. B. (1972). Relationship between selected personality characteristics of senior art students and their area of art study. Unpublished doctoral dissertation, University of Florida, Gainesville.
- Thurstone, L. L. (1931). A multiple factor study of vocational interests. Personnel Journal, 10, 198–205.

- Van der Hoop, J. H. (1939). Conscious orientation. New York: Harcourt Brace. Vernon, P. E. (1938). The
- assessment of psychological qualities by verbal methods. Industrial Health Research Board
- Reports, No. 83. London: H. M. Statistical Office.
- von Fange, E. A. (1961). Implications for school administration of the personality structure of educational personnel. Unpublished doctoral dissertation, University of Alberta, Alberta, Canada.

國家圖書館出版品預行編目資料

MBTI人格分類：MBTI創發人原著正典，使你真正瞭解自己與他人/伊莎貝爾.布里格斯.邁爾斯(Isabel Briggs Myers), 彼得.邁爾斯(Peter B. Myers)著；鍾榕芳, 張芸禎譯. -- 初版.
-- 臺北市：遠流出版事業股份有限公司, 2023.08
面； 公分
譯自：Gifts differing : understanding personality types
ISBN 978-626-361-159-7(平裝)

1.CST: 人格心理學 2.CST: 人格特質

173.75 112008777

MBTI 人格分類 MBTI 創發人原著正典，使你真正瞭解自己與他人

Gifts Differing：Understanding Personality Types

作　　者 伊莎貝爾・布里格斯・邁爾斯 Isabel Briggs Myers 彼得・邁爾斯 Peter B. Myers
譯　　者 鍾榕芳 張芸禎
行銷企畫 劉妍伶
責任編輯 陳希林
封面設計 周家瑤
內文構成 6宅貓

發 行 人 王榮文
出版發行 遠流出版事業股份有限公司
地址 104005 臺北市中山區中山北路 1 段 11 號 13 樓
電話 02-2571-0297
傳真 02-2571-0197
郵撥 0189456-1
著作權顧問 蕭雄淋律師

2023 年 11 月 01 日 初版二刷
定　　價 平裝新台幣 450 元（如有缺頁或破損，請寄回更換）

ISBN 978-626-361-159-7
YLib 遠流博識網 http://www.ylib.com E-mail: ylib@ylib.com

GIFTS DIFFERING: Understanding Personality Type
By Isabel Briggs Myers with Peter B. Myers

首刷限量特贈！人格類型造型全彩圖卡

■ 各類型特質速見

■ 你是哪一型呢？

■ 你在意的人，又是哪一型呢？

■ 請隨身攜帶，再也不會看錯人！

■ 快翻頁，找到你的專屬類型

INTJ
概念性的規劃者

有創意 獨立 有邏輯
有能力 高效能 重理論
有策略 思路縝密 重概念
客觀 洞見 要求高

INTP
客觀的分析者

強調理論 不從眾 不輕信
長於概念 善分析 有創見
獨立 富挑戰性 有邏輯
有策略 洞見 從容

ENTJ
決斷的策略家

有策略 愛提問 重理論
自信 直言不諱 有能力
有創意 有組織 挑戰性強
直接 有邏輯 客觀 決斷

ENTP
有創業精神的探險家

熱忱 有想像力 有彈性
善分析 挑戰性強 重概念
創業精神 辦法多 重邏輯
敢言 果斷 重理論

INFJ
善於洞察的遠見者

有遠見 有想像力 思路縝密
慈悲憐憫 理想主義 專注
有洞察力 關心他人 深思
隱藏感情 善解人意 敏銳

INFP
善於思考的理想主義者

有彈性 洞見 不斷進展
思路縝密 理想主義 自動自發
慈悲憐憫 關心他人 善於想像
複雜 同理 從容

ENFJ
感情豐富的促成者

同理心 善社交 有想像力
說服力強 有組織 負責任
能協力 有熱忱 溫暖
友善 善表達 樂於助人

ENFP
有想像力的推動者

有想像力 有活力 有創意
善表達 願配合 友善
說服力強 果斷 自發
樂於助人 有彈性 熱忱

ISTJ
負責任的現實主義者

周延 謹慎 重現實
不從眾 好分析 敏銳
務實 有邏輯 重事實 有效率
有系統 有組織 隱藏感情

ESFJ
樂於助人的貢獻者

有組織 樂於助人 外向
務實 願配合 重現實
有同情心 知感激 溫暖
友善 心胸寬廣 決斷力 忠誠

ESTJ
高效率的組織者

直言不諱 決斷力 重現實 有邏輯
有組織 負責任 高效率
重實效 一針見血 直接
客觀 務實 有條不紊

ISFJ
務實的協助者

可靠 負責任 忠誠
體貼 敏感 做事仔細
有組織 務實 重細節 寬容
耐心 現實 通情達理

ISFP
全能的協助者

務實 關心他人 包容
謙和 適應力強 溫柔 忠誠
樂意配合 敏銳 豁達
寬容 體貼 自動自發

ESTP
活力滿點的問題解決者

活潑 有邏輯 能解決問題
敏銳 辦法很多 務實
適應力強 自動自發 重現實
善分析 外向 熱忱

ESFP
熱心的即興創作者

善適應 有活力 願配合
很活潑 好相處 辦法多
熱忱 敏銳 友善
重現實 自動自發 豁達

ISTP
強調邏輯的實用主義者

重現實 能解決問題 重視事實
適應力強 有邏輯 獨立
善分析 果斷 務實
善於權變 不從眾 客觀